玄武門之變
唐
管家琪◎文　蔡嘉驊◎圖

作者的話

宮廷版的「豪門恩怨」

在一個家庭之中，如果父母對待子女的態度不夠公允，子女的關係不免就會因陷入競爭而很難期待會有多麼的親近。再比方說，當父母過世之後，長輩屍骨未寒，做子女的為了爭奪家產就已經不惜撕破臉鬧上法庭的事也時有所聞。似乎只要面臨利益衝突，人性中那些不好的一面就很容易自然而然的表現了出來。這樣的事，在皇家裡頭當然也會發生，從古至今，所有的宮

廷鬥爭不都是被巨大的利益所驅使的嗎？

《玄武門之變》就是宮廷版的「豪門恩怨」，唐高祖李淵的三個兒子由於爭奪天下，明爭暗鬥，導致兄弟鬩牆，最後竟然以流血事件結束。當然，三兄弟之所以會有這麼深的矛盾，跟古代封建社會的宗法制度也脫不了關係；宗法制度規定一切的榮譽和利益都歸於嫡長子，只要是嫡長子，從出生的那一刻開始，就已保障了日後將繼承包攬所有的好處。

這樣的制度大體上來講並不是一無可取，甚至在一定程度上保障了社會的穩定。然而當幾個兒子的能力有明顯的差別，而且能力最強的並不是嫡長子的時候，想要讓手足之間毫無心結，就非常困難了。

《玄武門之變》的悲劇就是在這樣的情況之下發生的。論能力，排行老二的李世民肯定是兄弟中最強的一個，父親李淵的江山可以說一大半都是他打下來的，但是由於身分地位的不可撼動，兄弟之間不免產生許多矛盾。就算親兄弟之間奇蹟般的毫無芥蒂，跟隨在他們身邊的人有的為了逢迎拍馬，有的為了自己的利益，也會在他們兄弟的跟前，產生推波助瀾的作用。再加上自從建立唐朝以後，做父親的李淵只顧忙著自己享受，對於幾個兒子之間愈來愈劍拔弩張的關係，採取視而不見的消極回避態度，導致悲劇的發生最終完全無法避免。

此外，皇家的手足相殘不僅是一家人的事，也是國家大事，因此，如果要將影響中國歷史的重大事件列一張表，《玄武門之變》肯定榜上有名，以影響程度來看，恐怕排名還會在相當前面。

唐太宗李世民其實只做了二十三年的皇帝，在五十二歲那年就與世長辭，可是他所開創的「貞觀之治」是大唐難得的盛世，當他在位時期，形成了中國歷史上少有的開明風氣，唐太宗以強有力的事實告訴世人，開明的政治風氣是國家繁榮強盛的重要因素。

以版圖來說，唐代的版圖大於秦漢，因此一般學者都認為，如果是以武功來說，唐太宗的成就與秦始皇、漢武帝相比都毫不遜色；如果要論文治，則比他們兩位還有過之而無不及。但是，只要一想到如此優秀的皇帝，當初竟然是靠著除掉親手足才能坐上帝位的，怎不令人欷歔呢？

目錄

1 手足相殘的血腥政變

唐朝初年，高祖武德九年（西元626年）六月初四，太子李建成一早起來正準備去上朝的時候，忽然接到父皇的寵妃張婕妤從后宮悄悄捎來密報，說有人發現秦王（也就是太子的弟弟李世民），前一天夜裡在皇宮附近似乎有不正常的調兵遣將，要太子當心。

李建成趕緊把小弟（也就是齊王李元吉）找來一起商量。

對於這個情報，李元吉顯得比太子更擔心，畢竟他們三兄弟最近愈鬧愈凶，已經鬧到水火不容的地步了。

李元吉對大哥說：「我看我們今天還是別去上朝了吧，就說病了，然後趕快把兵馬布置好，隨時提高警覺。」

「這怎麼行？」李建成極不贊成，「如果我們今天不去上朝，父皇不是很容易就認為我們是作賊心虛嗎？」

原來，就在前一天，秦王李世民竟然跑到他父親李淵那裡去告狀，說太子和齊王淫亂後宮，李淵十分震驚，遂叫兄弟倆今天去解釋一下。

李元吉當然也知道這個事情的嚴重性；淫亂後宮？與父皇的女人有不正常的關係？這可是一項足以讓兩人腦袋落地的指控啊，確實要趕快跟父親解釋清楚，想辦法澈底消除父皇對他們的疑慮。但是李元吉又認為既然張婕妤都特別來通風報信了，一定是真的有什麼地方不對勁。在唐家兄弟的爭鬥之中，張婕妤向來是站在他們這一邊的。

「我覺得我們還是觀察一下動靜比較好。」李元吉說。

李建成想了一想，哼了一聲，然後說：「怕什麼！整個長安城裡的守衛都是我們的人，張、尹二妃也都支持我們，那個傢伙能把我們怎麼樣？我看我們還是一起去上朝，趕快把那件事情向父王解釋清楚，這個比較重要！」

所謂「張、尹二妃」，「張」自然就是指張婕妤，「尹」則指的是尹德妃；她們都跟秦王李世民有些過節，平日在高祖面前總是一逮到機會就拚命說李世民的不是。在這三個兒子裡，高祖原本一直是滿喜歡也滿倚仗老二世民，可是在建立唐朝以後，他對老二就漸漸疏遠，這跟一些嬪妃老是喜歡在高祖面前搬弄是非很有關係，而其中詆毀秦王李世民最賣力的就是張、尹二妃。

既然大哥堅持，再加上李元吉也覺得，眼前兄弟相爭的情勢是對他們倆有利，考慮片刻後，心想：對呀，怕什麼，還是就照常去上朝吧，否則萬一被父王認為他們心虛，所以今天才沒出現，而對他們倆心生芥蒂，那可就糟了。

「好，我們還是一起去吧。」李元吉說。

主意打定，兄弟倆就雙雙騎上馬，離開東宮，一起朝著皇宮前進。

進出皇宮一定要經過玄武門，這是宮城的北門，是內廷警衛駐紮的重地。負責守衛玄武門的將領名叫常何，原本是太子李建成的手下，然而在六月初四這一天早上，太子李建成怎麼也沒想到，常何實際上已經暗中投靠李世民了。

李建成和李元吉更沒有想到，在這一個看似平常的早晨，李世民早早就率領長孫無忌、尉遲敬德等十幾名大將，埋伏在玄武門內。

經過這麼多年來的明爭暗鬥，李世民下定決心，在這天早上要做一個徹底的了結。

這將是一個「不是你死就是我活」的了結；李世民認為，再也沒有別的路可走了。

這天早上，李世民老早就在玄武門內布置好人手，一個個大將們包括他自己都騎在戰馬上，一手勒緊了韁繩，另一手緊抓著武器，大家的目光都投向同一個方向，都在密切觀察著某一條道路上的動靜，這條路正是通往太子所住的東宮，不久之後，太子和齊王（也就是李元吉）一定會從這個方向過來。

玄武門內充滿著一股劍拔弩張的肅殺之氣。由於知道很快就要展開一場生死搏鬥，很多人的臉上都帶著非常緊張的神色。

就在一片寂靜之中，一連串「達達達」清脆的馬啼聲從遠遠的東宮方向傳來。

李世民和長孫無忌、尉遲敬德等大將都互望了一眼，這一眼，大家都心領神會，那就是——「來了！準備動手！」

而李建成和李元吉呢，還渾然不覺，仍然騎著馬按正常的速度前進，兩人不時還痛罵著李世民，罵他缺德、罵他不該在父王面前爛嚼舌根，還約好待會兒一定要在極力喊冤的同時，也要聯手狠狠的批鬥他幾句！

走著走著，快要走到臨湖殿的時候，一隻烏鴉正巧從樹上飛起。

李建成看見了，不由得眉頭一皺，一種莫名的不祥之感猛然襲上心頭。

他立即勒住轠繩，停了下來。

「怎麼了？」李元吉問。

李建成看看四周，心裡突然開始發慌，「好像不大對勁……太安靜了……」，雖然說不上有什麼明顯的異常，但好像就是覺得跟平常不大一樣。

忽然，李建成掉轉馬頭，急急拍馬說道：「走！快走！」

李元吉搞不清楚大哥為什麼會臨時改變主意又不上朝了，但這會兒自然也來不及多問，只有趕緊跟著往回跑。

他們想迅速回到東宮，那兒有很多武裝護衛，形同一座戒備森嚴的堡壘。

就在這個時候，有人大喊：「太子、齊王，為什麼不去上朝？」

聽到喊聲，兄弟倆本能的回頭一望，沒想到就在這麼一回頭、極為短暫的一瞬間，一支箭筆直射了過來，而且絲毫不差、精準無比的射中了太子李建成的咽喉！

原來，喊聲是李世民發出來的。他就是要太子回過頭來，然後抓住那一瞬間，一箭解決了他！

見大哥中箭下馬，李元吉嚇了一大跳，愣了一下，再看到二哥正朝著自己奔馳過來，並且已經把另外一支箭也搭上了弓。李元吉這才回神，猛然意識到二哥今天是來要他們命的，而且大哥已經被二哥給殺了，下一個就輪到自己了！於是驚慌失措的立刻策馬狂奔！

然而，已經下定決心要置兄弟於死地的李世民，既然已經出手，就不可能半途喊停，也不可能手軟。李元吉在前面狂奔，李世民和幾名大將率領著兵馬在後面狂追，還施展了非常精湛的騎射本事，沒一會兒工夫，李元吉就被一陣亂箭射中，從馬上重重的栽了下來！

玄武門外，隨即展開了一場血腥的戰鬥，太子和齊王的人馬亂烘烘的想攻進玄武門，秦王的人馬則奮力將之拒於門外。混戰之中，尉遲敬德砍下了太子和齊王的腦袋，然後提著兩顆血淋淋的腦袋趕過來，衝著東宮和齊王府的官兵大叫道：「我們奉旨來討伐二賊，這就是他們的頭，你們快看！現在你們還要為誰賣命？」

東宮和齊王府的官兵們一看，兩顆頭顱果真是太子和齊王，都大吃一驚，大部分的人都愣住了，一下子都紛紛棄甲逃亡做鳥獸散了。

當三兄弟在玄武門外火拚的時候，高祖李淵正帶著裴寂等幾個大臣，還有幾個妃子，其中也包括張、尹二妃，在太極宮中的海池裡泛舟遊玩，打算再玩一會兒才去上朝。清晨的微風徐徐吹來，真是令人心曠神怡。

忽然，高祖看到岸邊有一個全副武裝的將軍匆匆趕來，再仔細一看，此人身上還有大量的血跡，一副就是從戰場上跑來的樣子，可是……戰場？這裡怎麼會有戰場？這裡是皇宮啊！

高祖立即吩咐遊船靠岸，然後問道：「來的是什麼人？」

只見那個將軍立刻跪在地上回答：「臣就是尉遲敬德。」

「尉遲敬德？你就是在秦王身邊的那個尉遲敬德？」高祖又問：「你來這裡做什麼？」

尉遲敬德說：「太子和齊王叛亂，秦王恐怕驚動陛下，特地派臣前來護駕。」

在場的人一聽，都立刻變了臉色，大吃一驚。

高祖連忙問道：「那太子和齊王現在人在哪裡？」

「都已經被秦王殺死了。」

尉遲敬德此話一出，張、尹二妃頓時臉色煞白。張婕妤還十分氣惱的想著，哎，早上明明還特別叫人偷偷捎了口信給太子，要太子小心，怎麼太子還是這麼大意呢？

高祖吃驚得半天都說不出話來。

「什麼？」一聽說兩個兒子都被殺了，而且還是被同胞手足給殺的，半晌，高祖才愣愣的詢問裴寂等人：「你們說，現在該怎麼辦……？真想不到會發生這樣的事啊！」

眾人遲疑片刻，終於紛紛開口了，大多都是說太子和齊王原本就沒有什麼大功，秦王卻是武功蓋世，深得人心，理應立為太子。

高祖明白，大家會這麼說，一定是因為眼看木已成舟，在尉遲敬德的面前，不如順水推舟，為秦王李世民做一個順水人情算了。

在這樣的氣氛之下，高祖也只得說：「我也是這麼想的……」

這時，尉遲敬德進一步要求道：「現在外面的爭戰還沒有完全結束，請陛下降旨，要各路軍隊都即刻聽從秦王的指揮，盡快結束這場戰鬥，恢復平靜！」

高祖無奈，只得匆匆寫了一道手諭，下令從現在開始，所有將士都要聽從秦王李世民的指揮。

到這個時候，這場政變才終於宣告結束。之所以說是「政變」，是因為這不僅僅是一場手足相殘的悲劇，還因為秦王殺了太子，等於是奪走了皇位繼承人的位置。後來，史家都把這天發生在玄武門外的政變稱之為「玄武門之變」。

這一年，秦王李世民二十七歲。

2

「太子」之位誰不動心？

高祖李淵知道三個兒子有點兒處不來，但怎麼也沒想到竟然會鬧到大動干戈的地步。

事實上，在決心要發動政變之前，李世民也不只一次問過自己，事情真的已經無法挽回了嗎？自己和大哥還有弟弟真的必須一決生死了嗎？三個人明明是親兄弟，現在卻不能並存了嗎？

這麼尖銳的矛盾到底是從什麼時候開始的呢？

應該是從唐朝建立以後吧……

其實，大唐王朝的建立，李世民出力最多，功勞最大。年紀輕輕的李世民不僅自己本身驍勇善戰，還非常善於知人善任，他就像是一塊大磁鐵，不但網羅了尉遲敬德、秦叔寶、李靖等了不起的將領，還把房玄齡、杜如晦等十八個著名的學士都吸收過來成為自己的謀士，可以說勢力相當龐大。

而李建成在太原起兵以後，也統領過一支軍隊，打過一些勝仗，雖然沒有像李世民那樣有雄厚的實力，但畢竟是嫡長子，在李淵成了皇帝以後，他就順理成章的成為太子。在牢不可破的宗法制度之下，李建成日後繼位為皇帝是天經地義的事，就衝著這一點，他的身邊總是圍繞著一大堆皇親國戚。唐朝建立以後，李淵又讓李建成長期留守關中，這也使得李建成有充分的機會在京城長安建立起自己的基礎，甚至連宮廷的守衛也全部都在他的控制之下。後來，李建成又把小弟也就是齊王李元吉拉攏過來，一起對付李世民。

後來有好些人都說，齊王李元吉其實對於皇位並不是一點野心都沒有，只是如果真想要實現坐上皇位這個目標，兩個哥哥自然就成了他眼中的障礙，而在大哥李建成和二哥李世民兩個人之中，當然是二哥李世民比較難對付，所以他才會在「選邊站」的時候，乘機先和大哥站在一起，因為，只要先把二哥除掉，日後再找機會除掉大哥就不會那麼難，只要等到把兩個哥哥都除掉了，「太子」這個頭銜自然就會落到他的頭上了！

當然，也有人認為，齊王李元吉或許沒有這麼多的心思，只不過是因為看不慣二哥李世民那麼威風，鋒頭都蓋過了大哥，甚至還威脅到大哥這個太子的地位，所以才會義無反顧的和大哥站在同一邊。

而李世民呢，他不是對「太子」、對皇位就沒有想法，在他周邊也一直有人表面上為他抱屈，實際上也等於是慫恿、刺激他野心的言論，畢竟，天下主要是靠他打下來的，他的能力也是有目共睹的，然而

就因為他排行老二，所以太子之位就怎麼樣也輪不到他，日後當然怎麼樣也成不了皇帝，想想這實在是很不公平啊。

總之，李淵這三個兒子，從當年大家開始打天下的時候，就已經分成了兩個陣營，李建成和李元吉是一國，李世民是一國，暗地裡不免一直互相較勁。再加上，自從唐朝建立以後，李淵一直沉迷酒色之中，不問政事，也不關心三個兒子之間的矛盾，遇事也不能秉公處理，只是一廂情願的希望三個兒子能夠各司其職，相互合作，以至於手足之間的矛盾幾乎是不可避免的愈演愈烈。

3 晉陽起兵——李世民計誘父親造反

武德二年（西元619年），發生了一件大事。那就是高祖李淵竟然聽信了裴寂的讒言，而錯殺了大將劉文靜，這真是一件讓李世民始料未及的事。在倍感震驚之餘，也讓李世民更深切的體會到父親在唐朝建立以後，朝政廢弛的情況日益嚴重，影響所及，對他們三兄弟的明爭暗鬥也勢必會更加充耳不聞。

劉文靜是幾個最早參與晉陽起兵之謀的人之一，後來在唐王朝建立的過程中，南征北戰，屢立戰功，可以說是一個不折不扣的開國元勛。

說到這裡，我們有必要來回顧一下所謂的「晉陽起兵」。

這就必須從李淵的故事開始說起。

李淵出身豪門，祖父是後魏左僕射，官至太尉，位極尊榮，死後被追封為唐國公，後來李淵的父親襲封了唐公，北周時任安州總管以及柱國大將軍，也相當顯赫。

李淵出生於北周天和元年（西元566年），七歲小小年紀就已經承襲父爵為唐國公。據說他小的時候，和別的孩子相比，腦袋特別方圓，天庭特別飽滿，非常討人喜愛，當時的北周重臣楊堅（也就是後來的隋文帝）在一次偶然的機會中見到他，就很喜歡他，對他格外關愛，直說一看這個孩子的相貌，就知道將來長大以後一定是一個不凡之人。

青年時期的李淵，人緣很好，射獵功夫尤其出色。日後就是因為擁有一流的射獵本事，讓他贏得了一門好親事，成為隋朝貴族竇毅的女婿。

當竇毅宣布要挑女婿的時候，引起了極大的轟動。不僅因為竇毅是隋文帝的親戚（竇毅的妻子是隋文帝獨孤皇后的姊姊），還因為竇毅挑選女婿的方式非常特別。

他讓人搬出一個漂亮的屏風，屏風上畫了一隻色彩奪目的孔雀。竇毅宣布，誰能夠射中畫中孔雀的兩隻眼睛，誰就可以做他的女婿！

這天，很多自命射藝不錯的年輕人都來角逐，但是一聽到這樣的選拔標準，每個人都直呼不可能。果然，射了半天，別說孔雀的兩隻眼睛了，就連一隻眼睛也沒人射得中。畢竟，孔雀的眼睛——這是一個多麼小的目標啊。

就在大家都認為不可能有人能夠辦得到的時候，李淵來了，他是最後一個到場參加招親的。只見他氣定神閒的把箭搭上弓，咻咻兩箭，竟然一箭射中孔雀的右眼，另一箭射中孔雀的左眼！

如此精湛的技術，著實令在場的人驚歎不已。

李淵就這樣當上了竇毅的女婿，從此也成了皇親國戚。

由於岳家這層關係，再加上李淵自身的條件，使他在皇上面前春風得意，十分受寵。

隋朝大業初年，李淵出任郡太守。由於隋煬帝失德，從大業七年（西元611年）開始，很多地方都出現了老百姓零星的造反事件，一時之間頗有風起雲湧之勢，不過這個時候李淵仍然相當忠於隋煬帝，並沒有二心。

大業九年（西元613年），李淵升為衛尉少卿。也就是在這一年，隋煬帝發動第二次侵略高麗的戰爭，弄得老百姓民不聊生，怨聲載道，貴族楊玄感就利用這股老百姓不滿的情緒，乘勢起兵反隋。此時李淵受命在懷遠鎮負責督運糧草，在察覺出楊玄感的陰謀後，立即火速向隋煬帝稟報，隋煬帝遂任命李淵鎮守弘化郡，兼知關右諸軍事，來防禦楊玄感。應該說在這個時候，隋煬帝還是非常信任李淵的，對他也相當倚重。

可是，楊玄感兵敗之後，李淵就留守弘化郡，經過一段時間，由於李淵頗得民心，隋煬帝開始對他有所猜忌。大業十一年（西元615年），隋煬帝將李淵調任河東，顯然是不希望讓李淵在弘化郡扎根過深。得到調令，李淵就算覺得有點委屈，也只得攜家帶眷前往河東。這一年，李世民僅僅是一個十七歲的少年。

不過，有一句話說：「英雄出少年」，李世民還真應了這句話，年紀輕輕的就非常有謀略。後來李淵能夠打出反隋的旗號，最終成為大唐王朝的締造者，可以說都是由這個次子一手策畫出來的。

李淵在太原的實力愈來愈強，統治地位愈來愈穩固以後，有很多附近的官僚、地主以及富商紛紛主動前來投靠，於是，李淵在兒子們的建議之下，開始祕密召集英雄豪傑，他讓兒子們分頭進行，命長子李建成在河東發展勢力，次子李世民則在晉陽。此時的隋煬帝遠在江都，終日沉湎於聲色，絲毫沒有警覺到帝國已經搖搖欲墜。

李世民在晉陽一帶發展得很不錯，然而，他眼看父親其實明明已經成為太原實際的統治者，在當時各地反隋勢力中算是實力比較堅強的，卻始終缺乏魄力，不夠積極，甚至連得知自己受到隋煬帝的猜忌，都還會悶悶不樂。為了促使父親能夠有積極的作為，李世民和當時的晉陽縣令劉文靜一起商議了一條計策，想要逼父親果斷一點，勇敢造反。

為了讓這條計策得以順利實施，李世民還付出大量的資財結交晉陽宮副監裴寂，請裴寂從旁協助。

有一天，裴寂在晉陽宮設宴，邀請李淵參加。晉陽宮是隋煬帝的一個行宮，李淵留守太原，兼任晉陽宮監，既然副監裴寂設宴，邀請他參加，他當然沒有多想就去赴宴了。

席上，裴寂十分殷勤的向李淵進酒，等到李淵有些不勝酒力的時候，兩個美麗的女子忽然出現了，在裴寂的授意下，美女分別坐在李淵兩旁，陪著李淵不斷喝酒，後來更在李淵糊里糊塗的情況之下，把李淵攙扶進宮去休息。

李淵一直睡到半夜，才悠悠醒轉過來，看到躺在身邊的兩個美麗女子，一開始還很高興，以為自己豔福不淺，但是當他一問清楚原來她們都是宮女時，就嚇得立刻披衣坐起，酒也全醒了。

「你們怎麼會在這裡？這是怎麼回事？哎，我什麼也不知道啊！」李淵真是懊惱極了。

按規定，宮女統統屬於皇上，只能服侍和陪伴皇上，像李淵這樣「私納宮女」是要砍頭的。

事實上，李世民就是想要逼父親造

反。想那八百多年以前，漢高祖劉邦在做那個小小亭長的時候，原本也沒有要造反的意思，只不過因為當時幾乎各地都掀起了一股反秦的浪潮，而劉邦在一次執行押解犯人任務的時候，眼看犯人愈逃愈多，估計是沒有辦法順利把犯人押到目的地了，想想反正這是唯一死罪，這才索性造反的。而在李世民看來，現在各地反隋的態勢愈演愈烈，父親的實力與條件比起當年的漢高祖，那可是要好得太多，至少父親已經充分掌握了「地利」。太原是當時的軍事重鎮，不僅兵源充足，而且糧餉豐沛，儲糧估計可供十年之用，父親又已經實際掌控太原，這是多麼好的一個機會啊！李世民心想，現在父親既然在無意間私納了宮女，犯下了死罪，那接下來當然也只能像漢高祖劉邦一樣，硬著頭皮造反了。

沒想到，李淵竟然還是那麼猶豫不決。儘管長子李建成和次子李世民都急得要命，不斷勸進，尤其是李世民，反覆向父親陳述分析各種利害關係，可李淵卻還是那麼一副拿不定主意的樣子。

就在這個時候，隋煬帝忽然派人傳來了一紙命令，說李淵沒能抵禦阻止突厥兵入侵，要逮捕他去問罪！

如果說「私納宮女」一事讓李淵心存僥倖，以為只要隋煬帝不知情或許就沒事，現在這個突如其來的變故，讓情勢一下子變得十分危急，李淵立刻體認到不造反就毫無退路，這才下定決心，同意反隋，並且準備伺機行動。

機會很快就出現了。大業十三年（西元617年）二月，馬邑人劉武周起兵叛亂，居然殺了太守王仁恭，還自稱天子。李淵在緊急跟兒子們商議之後，馬上以討伐劉武周為名，然後在這個冠冕堂皇的理由之下，自行大量募兵，結果遠近地主都紛紛武裝前來投靠，不到幾天工夫就組成了一支一萬人左右的軍隊。

李淵這個舉動引起了太原副留守王威和高君雅兩人的懷疑。原來，他們是隋煬帝有感於對太原鞭長莫及，而特別安排在李淵身邊負責監視的。這時，王威和高君雅看李淵大張旗鼓募兵，感覺情況不對，兩人便偷偷商量好，要趁即將在晉祠祈雨的機會誅殺李淵，然後再去向隋煬帝請賞。

到了祈雨那一天，王威和高君雅按慣例都已換好便服，準備進行儀式了，晉祠外忽然趕來一位全副武裝的軍士，打斷了儀式的進行，說有一封來自京城的密函要送給李淵。

李淵就像往常一樣，要副留守王威先看。不料，這名軍士卻不讓王威看。

王威問道：「為什麼我不能看？」

李淵也很奇怪，「是啊，為什麼他不能看？」

軍士說：「因為事關王威和高君雅兩位大人，所以只能請大人您一個人過目。」

「居然有這樣的事？」李淵只得把信接過來。

這時，王威和高君雅互看一眼，都有一種大事不妙的感覺。

果然，李淵一看完信，立刻氣勢洶洶的指著他們大罵道：「好啊，原來你們倆竟敢私通突厥，還引突厥兵前來進犯，該當死罪！來人啊！」

直到這個時候，王威和高君雅才猛然意識到，他們想暗殺李淵的行動已經敗露，李淵這是先下手為強了。

確實如此。當李淵從王威和高君雅兩人的親信那裡得到密報的時候，吃了一驚，連忙與兒子們商量，兒子們特別是還不滿十九歲的次子李世民，力主一定要趕快先採取行動，否則只會遭致滅頂之災。於是，眾人便連夜商議出這麼一條汙衊王威和高君雅兩人勾結突厥的計謀，再以這個罪名把兩人砍頭。

在殺了王威和高君雅之後，李淵隨即一方面向百姓宣布兩人不可饒恕的罪狀，另一方面也再次強調自己大舉義兵是為了安定天下，同時還宣布與突厥和親，告訴大家此舉已有效避免了戰爭。老百姓不明就裡，都對李淵更加擁戴。

就在得到突厥的支持以後，李淵才公開打出反隋的旗幟，於同年（大業十三年，西元617年）六月在晉陽起兵，傳檄（ㄒㄧˊ）諸郡，號稱「義兵」。（古代把徵召、調兵和聲討所用的文書，通稱為「檄文」。）

回顧李淵起兵的過程，從最初設計李淵私納宮女，讓李淵誤犯了死罪，到後來的南征北討，劉文靜都出過不少力，怎麼說都是一個重量級的功臣。然而，沒想到晉陽起兵之後才過兩年多，李淵就把劉文靜給殺了，原因竟然是有人把劉文靜的酒後怨言跑去告訴大臣裴寂，裴寂等人遂乘機陷害，在李淵面前控訴劉文靜企圖反叛朝廷，導致李淵一怒之下就殺了劉文靜。

在李世民看來，劉文靜那番酒後怨言，就算是「酒後吐真言」也是情有可原，畢竟在父親李淵稱帝、大封功臣的時候，確實是不怎麼公平。劉文靜對於自己居然位居裴寂之下感到忿忿不平，這都是可以理解的，但沒想到父親竟然會不顧劉文靜的諸多建樹，而狠心砍了劉文靜的腦袋。

李世民知道，一定是劉文靜的怨言中有些話觸犯了父親李淵的底線，比方說，批評父親膽小懦弱，當初要他起兵他怎麼也不敢，好不容易起兵了，碰到一點挫折又嚇得想馬上打退堂鼓。

「如果不是靠著秦王和我挺著，打下了江山，高祖怎麼可能這麼舒舒服服的坐享其成？」

劉文靜這番話，是李淵最不能容忍的。

然而，在很多開國元勛看來，劉文靜此言其實也是實情。

4 霍邑之戰——奇兵逆轉勝

大業十三年（西元617年）六月，李淵在晉陽起兵，與此同時，李淵就對次子李世民委以重任，把手中一半的人馬都交給他。七月，李淵率領大軍從太原出發，目標是攻打霍邑（今山西霍縣）。很快的，留守長安的隋朝宗室在得到李淵起兵西征的消息以後，倍感壓力，立即叫虎牙郎將宋老生囤兵據守霍邑，命令宋老生一定要阻止李淵繼續西進。

七月十四日，唐軍抵達賈胡堡，這裡距離霍邑只有五十多里，眼看一場惡戰即將開打。沒想到，忽然下起了大雨，不利進攻，李淵只好下令就地駐紮，等待天氣轉好再說。

然而，出人意料的是，這個雨一下就下不停。連日陰雨，隋軍很高興，李淵這裡可就頭疼了。眼看部隊的糧草即將耗盡，本來造反就造得有些勉強的李淵不由得萌生了退意，甚至聽信一些迷信之言，認為這會不會是一個不祥徵兆，是上天不願意看到他們進軍。

當李世民聽說父親已經和近臣裴寂等人商議，打算暫時還師太原的時候，急得跳腳，馬上衝到父親跟前大叫：「不行！絕對不可以退兵！一定要繼續！一定要打！」

李淵不大高興的說：「你這麼激動幹什麼，你也不看看這個天氣，怎麼打啊！」

「雨不會一直下的，只要雨一停，我們就打！」

「你說得那麼容易，也不想想糧草都快沒了，還怎麼打？我告訴你，就算雨停了也打不了，還是先回到太原補充糧草，然後等待更好的機會……」

「不！不能等！絕對不能退兵！」李世民極力勸阻道：「跟隨我們的都是義軍，大家都是從義而來，如果我們遇到一點小挫折就退縮，人家對我們怎麼還會有信心，一定馬上就會土崩瓦解，統統都散掉了！」

「我們可以跟大家說，只是暫時還師太原……」

「不！如果只是想守住太原，割據一方，那跟山賊水寇有什麼區別！我們現在既然已經起兵，就應該一路向西，一直打到長安去！所以我們首先一定要拿下霍邑，不能退縮！」

李世民還想再勸進父親一番，但是李淵心煩得很，已經不想再聽了，皺著眉頭，揮揮手說：「去去去！我已經決定了，你別在這裡囉唆了！」

被轟出父親的軍營以後，李世民眼看父親不聽忠告執意要退兵，十分憤慨，但又無計可施，一時情緒激動，竟然就在父親的軍營外面嚎啕大哭起來！

這一哭，把裡頭的李淵給嚇了一大跳，趕快命人把李世民再拉進來，氣呼呼的問道：「都這麼大的人了，你哭什麼啊！」

這個還不滿十九歲的年輕人，一把眼淚一把鼻涕、委屈萬狀的對父親說：「我是想到，如果一退兵，我們的部隊就會散掉，敵人一定隨後就會聚集兵力發動猛烈攻擊，到那個時候我們父子勢必就沒有活路，只能束手待斃……我只要一想到這裡，就不禁悲從中來啊！」

李淵一聽，才猛然醒悟其實「起兵造反」是一條不歸路，是不可能走回頭路的。此時，長子李建成也抱持著和弟弟李世民一樣的觀點，認為既然起兵就不應該輕易言退，尤其是眼前為了自保，無論如何都只能咬緊牙關撐下去！

在兄弟倆合力勸說之下，李淵總算打消了退兵的念頭，苦著一張臉，無奈的說：「唉，好吧，我聽你們的就是了。」

兩天以後，天空終於放晴

了，李淵便揮師逕取霍邑，大夥兒都士氣大振。而力主進攻的李世民更是鬥志高昂，率領著數十騎就來到霍邑城下，做出要圍城的樣子，用意是想要激宋老生出來應戰。

不久，城門大開，宋老生真的出來應戰了，並且很快就背城列陣，做好了作戰的準備。

在李世民的布署下，他們分成兩大部隊，李淵和長子李建成在城東，李世民則在地勢較高的城南，兩個方向的人馬形成犄角之勢呼應。

戰鬥開始了。宋老生看城東方向的敵人眾多，便率領隋軍在城東發動攻擊，想逼退李淵的部隊。結果，兩軍交鋒，義軍果真不敵而開始漸漸後退，李淵和李建成父子倆都顯得有些驚慌失措，這麼一來，宋老生就更加恃強急進，覺得這些什麼義軍很不堪一擊，心想八成都只是一些烏合之眾，這麼一來，就更是一心想要把他們都殺個片甲不留。萬萬沒有想到，李世民卻在這個時候，乘機引兵從南面高地迅速衝了下來，奮力反擊，很快就殺進了隋軍的側背，等於是切斷了隋軍的後路。

隋軍頓時陣腳大亂，驚慌失措的士兵紛紛掉頭湧入城內，急忙把大門封上，好多人連武器都弄丟了，但是混亂之中，竟然沒有人發現主將宋老生還沒有進來，宋老生被撇在了城外！

宋老生一看形勢危急，只好趕緊攀吊索想要登城，不料才開始登城，追兵已經火速趕到，宋老生就這麼硬生生被腰斬為兩段。

主將一死，守城的隋軍群龍無首，在慌惶間完全喪失了戰鬥意志，於是，有的投降、有的逃走，霍邑很快就落入了李淵的手裡。

霍邑一戰，對李淵而言可以說至關重要，是決定成敗的關鍵，而年紀輕輕實際指揮這一戰的李世民，也在這場戰役中發揮了他的用兵天賦。

若干年後，成為唐太宗的李世民和唐初名將衛國公李靖在研究軍事問題的時候，兩人曾經對霍邑一戰有過一番精闢的討論。唐太宗說，霍邑一戰，當右翼軍開始往後退的時候，高祖相當驚慌，認為局勢非常不利；然而當他率軍從敵方後側反擊的時候，局勢立即反轉，變得對他們非常有利了。李靖則表示，《孫子兵法》上曾說，要「利而誘之，亂而取之」，唐太宗當時用的是奇兵，所以能夠取勝，而宋老生不會用兵，只知道急攻猛攻，所以後路一旦被截斷以後，就注定非敗不可了。

5 隋煬帝挾著尾巴竄逃

初戰告捷，李淵很高興，對次子李世民也更加欣賞，覺得這個兒子實在是太厲害啦。

當然，李淵也很慶幸自己聽了李世民的建議，沒有退兵；如果退兵了，現在哪裡能夠品嘗到如此甜美的勝利果實？搞不好還會被打得落花流水、狼狽不堪呢！

就在拿下霍邑之後，李淵開始覺得「打天下」這事兒看起來好像愈來愈真實、愈來愈有可能了。

經過一番商議，他們決定打鐵趁熱，直取長安！

畢竟當時造反的又不是只有他們這支軍隊，而長安是京城，如果能夠攻陷京城，意義自然是非同小可。

於是，李淵就命李世民為先鋒，西渡黃河，開赴渭北。

李世民率軍一路向西，一路上所向披靡，勢如破竹，不多久就順利抵達涇（ㄐㄧㄥ）陽（今陝西涇陽），再和李淵會師。十一月底，距離起兵造反還不到半年，他們就攻入了長安！

不過，這個時候因為隋王朝的最高統治者隋煬帝在江都，留在長安城內被義軍嚇得魂飛魄散的是僅僅十二歲的恭帝楊侑（ㄧㄡˋ）。

楊侑的父親楊昭是隋煬帝的長子，也就是原本的皇太子。在楊侑兩歲那年，年紀輕輕的楊昭因為不小心誤飲藥酒而暴斃，因此楊侑深受祖父隋煬帝的憐愛，小小年紀就得到了大量的爵位和賞賜。

在李淵起兵的前一年（西元616年），隋煬帝在眾叛親離、難以抵擋一片反隋的浪潮中，不得不命楊侑據守長安，自己則南逃江都。

不難想見，年幼的楊侑看到李淵率著部隊殺進長安以後，內心有多麼的恐懼。不過，李淵並沒有殺楊侑，只是俘虜他，又擁戴他做皇帝，自任丞相，並遙尊隋煬帝為太上皇，實際上就是把楊侑暫時當成了一個傀儡皇帝，自己則開始實際執掌國政。

6 親手把王朝送上末路的皇帝

隋煬帝楊廣因為是隋文帝楊堅的次子，原本並不是皇太子，後來是處心積慮使了一連串的計謀，才在三十歲那年澈底消滅太子黨，並且從太子（就是他的哥哥楊勇）手裡奪走了「皇太子」的頭銜，確立了自己的皇位繼承權。然後又在三十五歲那年（西元604年），得知病重的父親洞悉了自己的陰謀，而打算廢掉自己這個太子，於是乾脆一不做、二不休，心狠手辣的殺了父親和大哥楊勇在內的其他弟兄，然後坐上了皇帝的寶座。

即位以後，為了加強統治，隋煬帝大興土木，百役繁興，並且窮兵黷武，這些繁重的兵役和傜役不僅奪去上百萬人的性命，同時也把社會經濟推向了絕境。在隋煬帝眾多不得人心的舉措中，最受人詬病的就是遠征高麗。大業七年（西元611年），第一支隋末起義軍所打出的口號就是反對遠征高麗，吸引了大批想要逃避兵役和傜役的老百姓。

兩年以後，隋煬帝二征高麗，楊玄感乘機叛亂，代表著連統治階層都開始動搖了，後來隋煬帝雖然鎮壓了叛亂（諷刺的是，李淵當時也參與了鎮壓楊玄感的行動），但是從這個時候開始，隋王朝已經開始搖搖欲墜了。

然而，都到這個時候了，隋煬帝仍然執迷不悟，繼續發動對高麗的戰爭，又北巡太原、長城，結果被東突厥始畢可汗率領數十萬騎兵圍困在雁門，情況十分危急，後來多虧士兵們的堅守以及各地援兵的陸續到來，才得以脫困。脫困之後，隋煬帝就南下躲到江都去了。

在江都一年多的時間裡，各地紛紛造反，直到聽說連太原留守李淵也都開始造反以後，隋煬帝真正感到大勢已去，知道自己的末日就要來了，於是更加醉生夢死，天天都跟蕭后和嬪妃們飲酒作樂。

有的時候，隋煬帝還會很天真的想著：「現在有那麼多的人想要推翻我，但是即使我下台了，也許還可以做一個長城公……」

意思是打算就一直偏安江南。

可是有的時候，就連他自己也不大相信「偏安江南」的計畫是可行的。有一天，隋煬帝在照鏡子的時候，忽然摸摸自己的脖子，然後苦笑著對身邊的蕭后說：「真是一個不錯的頸子，不知道會是誰來砍掉它？……」

話雖如此，隋煬帝就算知道自己難逃一死，還是非常希望自己能夠留一個全屍。叱吒風雲十餘年的皇帝，臨到末日也只剩下這麼一個卑微的心願了。所以隋煬帝在人生最後那段日子養成了一個習慣，就是身上隨時帶著毒藥，希望在真的窮途末路的時候，還能夠來得及自我了斷。

西元六一八年，禁軍統領宇文化及發動兵變，用襟帶把隋煬帝給勒死了。總算是給這個惹得天怒人怨的暴君一個全屍。

這一年，隋煬帝五十歲。隋煬帝一死，立國三十八年的隋王朝也就澈底滅亡了。

7 淺水原之戰——「拖」字訣擊垮敵軍

在炎熱的五月，隋煬帝在江都死亡的消息傳到長安以後，久存自立之心的李淵馬上迫不及待做了一件事，那就是廢掉楊侑，改元武德，正式定國號為「唐」。

（楊侑「禪位」以後，被降為國公，仍然在長安生活，不過，一年以後，李淵連這一點也不能容忍了，還是派人殺了楊侑。）

在逼迫楊侑退位以後，李淵所做的第二件重要的事，就是授次子李世民為尚書令，晉封秦王。

原本在差不多半年前他們攻入長安的時候，李淵已經封李世民為京兆尹、秦國公，此番晉封秦王，更上一層樓，當然是因為李淵很清楚自己需要仰仗兒子的地方還很多。這個時候，雖然他已經做了大唐王朝的開國君主，但天下還並沒有完全底定，還需要這個有軍事天才的次子為自己剷除所有的反對勢力。

果然，當時另外一支比較有規模的反對勢力，領頭的名叫薛舉，一聽說李淵已經在長安稱帝，又氣憤又不服氣，便再次進犯涇州。李淵立刻命秦王李世民率軍反擊。

薛舉才在七月發動戰爭，不料第二個月就病死了，由他的兒子薛仁杲（ㄍㄠˇ）繼位。

就在兩軍馬上要正面交鋒的時候，薛仁杲派副元帥領兵出戰，眼看一場腥風血雨即將展開，沒想到出乎大家意料的是，一向驍勇善戰的秦王李世民卻遲遲不肯應戰。

薛軍這裡罵聲不絕，「李世民！人家都說你多厲害，原來只是一個貪生怕死的膽小鬼！有什麼好威風的啊！該死的膽小鬼！趕快出來應戰啊！」

可是，不管敵人如何叫罵，罵得有多難聽，李世民就是由他們罵去，完全置之不理，就像完全沒聽到似的。

就這樣，薛軍這裡罵了一天又一天，李世民還是始終採取深溝高壘、堅壁不戰的策略，動也不動一下。

有人問李世民拒不出戰的用意是什麼，李世民笑著說：「我這是跟廉

Z
Z
Z
Z

頗學的呀！」

在八百多年以前的戰國時代，趙國老將廉頗率軍至長平抵禦來犯的秦國大軍時，就是下令築壘堅守，拒不出戰，計畫要採取以逸待勞的策略，準備要把遠道而來、補給不易的秦軍給拖垮。

一聽李世民這麼說，大家都嚇了一跳，因為大家都知道，廉頗可是和秦軍對峙了整整三年啊，後來是秦國買通了趙王身邊的小人，讓趙王撤掉了廉頗，換上年紀輕輕、心浮氣躁，熟讀兵書但缺乏實際作戰經驗的趙括來擔任主帥，結果趙軍因此大敗，將近四十萬俘虜一夜之間慘遭秦將白起的坑殺。這就是戰國時期規模最大、結果也最慘烈的「長平之戰」，也是成語「紙上談兵」的典故。

「難道我們也要和他們對峙那麼久？」好些人看李世民那麼一副氣定

神閒的樣子，心裡都不免有些擔心。

幸好，就在薛軍叫戰了六十幾天的時候，李世民召集諸將，宣布道：「對方士氣已衰，我們可以出戰了。」

眾將領一聽，都非常興奮。這可是大家期待已久的時刻啊。

而薛軍眼看李世民終於出戰，內心相當激動；他們確實糧草將盡，軍心開始浮動了。

李世民開始布署，先撥出一部分兵力，由行軍總管梁實統領，在淺水原這個地方（今陝西長武東北）列陣，負責誘敵。

李世民算準了薛軍肯定會急著速戰速決，果然，薛仁杲的副元帥看見罵了六十幾天、這些膽小如鼠的唐軍，終於婆婆媽媽的出戰了，作戰心切，急忙命令部眾傾巢而出！

然而，讓薛軍為之氣結的是，唐軍雖然擺開了陣勢，卻還是消極應戰。薛軍沒辦法，只能拚命猛攻，很快就顯露出疲態。就在這個時候，李世民親率驍騎迅速繞到敵人的背後，向薛軍的腹背展開凌厲攻擊！李世民更是一馬當先，勇敢的衝入敵陣，形成內外夾擊的態勢。

接下來就像霍邑一戰一樣，薛軍也是陣腳大亂，轉瞬間就被唐軍斬首數千，還為了逃命自相踐踏，慘不忍睹。

不久，薛軍的殘兵眼看大勢不妙，紛紛奪路而逃，李世民遂率數千騎兵在後面窮追不捨，一直追到折墌城（今甘肅涇川東北）。

折墌城就是薛仁杲所住的地方。薛仁杲一看自己的部隊被打得落花流水，七零八落驚慌失措的逃了回來，還聽說後頭還有大量的唐軍即將追到，大吃一驚，馬上下令閉城自守。

沒過多久，唐軍果然追來了，在前面領頭的就是年紀輕輕、英氣逼人的李世民。

到了傍晚，眼看就快天黑了，李世民下令把折坡城團團圍住。

第二天早上，薛仁杲自知無力抵抗，只好垂頭喪氣的出城請降。這麼一來，薛仁杲這股割據勢力就被唐軍給吃掉了。

如果說之前的霍邑一戰是李世民初試啼聲之作，這一次淺水原之戰則是讓大家更確定他的確有著非常不凡的軍事指揮能力。

可是，就在眾人對秦王李世民讚佩不已的時候，有一個人的心裡很不是滋味，那就是太子李建成。

看著弟弟李世民好像愈來愈有威望，李建成的心裡總有那麼一點揮之不去的不安。

8 太子對秦王吃味

李建成對弟弟李世民的感覺有點複雜。

當年隋文帝結束了自東漢末年以後長達三百六十多年分裂動盪的局面，實現了歷史上第二次的大統一（第一次是秦始皇結束了將近五百年的春秋戰國時代，統一全國），而隋朝本身立國時間又還不夠久，再加上隋煬帝一系列的倒行逆施，以至於隋末幾乎各地都有造反活動，在李淵稱帝、宣告建立唐朝以後，當時全國其實還處於四分五裂的狀態，所以，要真正平定天下，建立穩定的唐王朝，其實還有頗長的一段路要走。李建成知道，這一段路可以說泰半都要仰仗弟弟李世民。

然而，當李世民的捷報頻傳，眼看一個穩定的王朝即將實現，李建成的心裡又不免有些擔心，害怕弟弟的軍功既然大大超過自己，會不會威脅到自己這個太子的寶座呢？

李建成常常這麼想，如果李世民不是親弟弟，如果王朝裡有這麼一個驍勇善戰、足智多謀，又對自己能夠死心塌地效忠的大將，那該是一件多麼好的事！然而，可惜啊可惜，這個大將偏偏就是自己的親弟弟！李建成不是沒有想過設法多增加一點自己的軍功，然而經過反覆掂量，他又不得不承認，自己不僅比不上弟弟用兵的天才，也比不上弟弟的勇敢。

李世民的勇敢，在唐初對抗王世充、竇建德的戰役中有著淋漓盡致的發揮……

9 虎牢關之役——以寡敵眾智取勝

在陸續收拾了薛仁杲等人的割據勢力之後，關中一帶的形勢可說是大致穩定。接下來，唐王朝就要集中力量進取中原，而爭奪中原所要面臨的最大勁敵就是王世充和竇建德。

王世充原本是隋朝江都的通守，在隋煬帝被殺之後，他馬上在東都立楊侗（ㄊㄨㄥˊ）為帝，不久又打敗實力強勁的瓦崗軍，把瓦崗軍首領李密以及諸多將領統統收服，一時之間聲勢十分浩大。

西元六一八年，王世充得知李淵在長安稱帝，非常生氣，「可惡！這個傢伙居然稱帝了？他可以稱帝，那我當然也可以！」

翌年，王世充果真廢掉楊侗，然後占據洛陽，自稱皇帝。自此王世充就成為河南一帶最大的一股割據勢力，對於新興的唐王朝來說，是一定要盡快除掉的禍患。

就在王世充稱帝之後第二年的夏天，李淵派李世民率軍攻打洛陽。這著實是一場硬仗，一打就打了大半年。到了西元六二一年，對唐軍來說，又突然發生了一個很不利的變化。

當時，李世民雖然已經把王世充趕進了洛陽，並且把洛陽團團圍住，使洛陽成了一座孤城，然而，洛陽的城池十分堅固，士兵也誓死抵抗，因此唐軍久攻不下，甚至都已有了退意。不料就在這個時候，竇建德出於一種自保的心態，竟然帶了十幾萬精兵良將前來援救王世充！

唐
唐

為什麼說竇建德是自保呢？因為如果洛陽被唐軍拿下，王世充的地方勢力被李淵吃掉，接下來遭殃的就很可能會是竇建德；反過來說，如果能夠擋住唐軍，讓他們止步不前，或許今後大家就有機會各自割據。

眼看竇軍來勢洶洶，陣容又非常龐大，唐軍陣營人心惶惶。為了擔心會因此腹背受敵，不少大將謀臣都向李世民提出退兵御守的建議。但是，二十二歲的李世民面對如此棘手的戰局卻無所畏懼，義正辭嚴的對部將說：「怕什麼！別看他們人多就怕，搞不好人家也就只是一隻紙老虎而已！」

說罷，他一方面下令繼續圍困洛陽，不可鬆懈，另一方面自己親率五千驍勇騎兵火速直奔虎牢（今河南汜水），與竇軍來了一個面對面。

從表面上看來，這是一場人數十分懸殊、明顯「敵強我弱」的戰鬥，不過，在抵達虎牢的第一天，李世民就帶領著唐軍中幾個最出名的戰將，譬如尉遲敬德、秦叔寶、程知節等等，以及五百精騎，從虎牢東出二十幾里，偵察竇軍的情況，結果居然以這區區五百精騎伏擊了一支竇軍，一下子就把竇軍給打得七暈八素，好半天都回不過神來。

接下來，李世民又乘勝追擊，凌厲的攻勢很快便鎮住了竇軍，使得他們不敢輕舉妄動逼近虎牢，只能在虎牢關外與唐軍對峙。

「很好！」李世民雄赳赳、氣昂昂的對著部眾宣布：「我們已經取得第一階段的勝利了！」

原來，李世民就是看在竇軍從河北遠道而來，認定一定要在第一時間大挫一下他們的銳氣，只要打擊了他們的士氣，再把對決的時間稍微往後拖一拖，士兵們一定會產生思鄉情緒而無心戀戰。

其次，遠征軍勢必都得解決補給的問題。李世民派出幾名猛將，率一千多名輕騎，伺機截擊竇建德毫無設防的糧道，造成竇軍內部極大的恐慌。

接下來，因為雙方人數懸殊，李世民極力避免兩軍對壘硬碰硬，而是指揮部眾頻繁發動伏擊。他下令道：「記住，不管碰到多少敵人，只要一遭遇，所有的戰役都要當成是一場重大的戰役來打，務必要毫無保留，攻勢凌厲，最好還能夠以泰山壓頂之勢，速戰速決，一舉把敵人全部殲滅！」

這樣一連幾場戰役下來，唐軍不但生擒了竇軍的幾名大將，也讓竇軍的士兵一個個心生畏懼，以為唐軍簡直是天兵天將！沒過多久，別說士兵們心生退意，就連主帥竇建德也覺得唐軍出乎意料的難以對付，不想打了。

王世充派來的使者一聽說竇建德居然想退兵，大吃一驚，急切的阻止道：「大人，唐軍只是虛張聲勢，您看，他們自知絕對打不過我們，所以就這麼一直賴著拖著不肯正面衝突，而只是東打西打，胡攪蠻纏，您可千萬不要上當啊！還是應該爭取主動，正面迎頭痛擊才是！」

當然，使者也苦苦哀求竇建德千萬不能退兵，因為竇軍一退兵，被困在洛陽城內的王世充可就死定了，而王世充如果一有個什麼三長兩短，那竇建德接下來的路也會走得很艱難。

竇建德左想右想，覺得使者說的很有道理，不管是為了救援王世充或是為了自己以後的道路，此刻都絕不能退兵！

「好！」竇建德猛拍了一下桌子，下令道：「立刻調齊兵馬！給那些該死的唐軍一個好看！」

竇建德決定孤注一擲，爭取主動，正面與唐軍決一死戰！他相信光是憑著人數上的懸殊，只要正面開打，自己絕對沒有輸的道理。

於是，這天早上，竇建德把部隊全部集中起來，然後自板渚出牛口布陣，陣寬竟達二十幾里，足見人馬之多，軍容之盛！

眼看著人數如此眾多，密密麻麻活像一大堆小螞蟻似的竇軍擊鼓前進，聲威顯赫，唐軍將士不由得恐懼萬分。之前他們與竇軍都是零星戰役，這還是頭一回真正見識到竇軍的陣容到底有多麼的龐大。

李世民臨危不亂，立刻跟眾將士喊話：「別怕！保持鎮定！待我先去登高遙望一番。」

說做就做，李世民立即帶著尉遲敬德等心腹大將縱馬來到高地，仔細的觀察。

為什麼一定要登高呢？李世民認為唯有登高遙望才能看出敵軍的破綻。果然，觀察片刻之後，李世民更有信心了，對尉遲敬德等人說：「竇軍從山東起事到現在，一直沒有遇到勁敵，你們看，雖然他們今天人這麼多，看起來好像是大軍壓境，但是仔細看看他們的隊伍凌亂，士兵們還邊走邊喧譁，這都是沒有組織、沒有紀律的表現，像這樣的烏合之眾，哪裡會是我們的對手？」

李世民此言，就像給大家打了一劑強心針，眾人再看看人數眾多的竇軍，都感覺到確實是頗為散漫。這麼一來，眾人的信心都立即增強了好幾倍。

而李世民呢，更是抬頭看看太陽，然後胸有成竹的預言道：「我們就先按兵不動。我敢說，一過中午，我們就能夠以一支精兵滅了整個竇軍！」

唐軍先按兵不動也是有道理的，因為竇軍的人數既然這麼多，平素訓練又不夠，現在光是要把這麼多人列陣，就從早晨一直排到中午都還沒有排好，士兵們早就有些不耐煩了，他們又餓又累，先排好的紛紛散坐在地上，要不然就是爭著去飲水，隊伍一片凌亂。

轉眼到了中午時分，主帥竇建德看士兵們都累了，再加上餓得半死也沒力氣，正想召集將領商議進退，不料就在這個時候，一支唐軍忽然疾殺而來！

只見李世民帶著最強悍的精騎，一股腦兒的殺入竇軍，從竇軍腹部迅速穿到後背，然後又高舉著唐軍旗幟英勇無比的向前衝殺，竇軍才剛剛擺好的有一點模樣的陣勢，頓時就被衝撞得七零八落；而想要反擊的騎兵也無路可走，更多的士兵則是在還搞不清敵我的狀況之下，就已經被砍下了腦袋。

慌亂之間，竇建德眼看自己的部隊被殺得潰不成軍，只好和少數將士拚命向東躲避。

唐軍乘勝追擊了三十幾里以後，俘獲了五萬多名竇軍，並且還生擒受了傷的竇建德。

竇建德最後被押回長安，隨後在長安被斬首。至於王世充，眼看大勢已去，也只得投降，這麼一來，洛陽就被唐軍給拿下了。

王世充投降唐軍以後，河北諸縣也都相繼歸唐，這麼一來，唐高祖李淵的勢力基本上就控制了黃河流域。

年紀輕輕的李世民，自從父親在太原起兵以後，便陸續展露他在軍事方面的驚人才華，並取得了一連串輝煌的勝利，貢獻卓著。譬如對抗竇建德的虎牢關之戰，不僅展現了在他身上那種大無畏的勇氣，更是歷史上少數「以少勝多」的傑出戰役。拿下洛陽，也為唐王朝的統一奠定了非常重要的基礎。

10 李淵輕信讒言叱秦王

不過，李世民怎麼也沒有想到，一直很信任、欣賞甚至依賴自己的父親，竟會對自己漸漸有些疏遠起來。

事情應該是從李世民平定了洛陽以後開始的。因為洛陽是有名的古都，好些嬪妃認為洛陽裡頭一定藏有很多價值連城的寶貝，便私下向李世民索要。也有些嬪妃看李世民現在那麼受高祖的器重，便紛紛派人暗中來跟李世民聯繫，想要李世民幫忙安插自己的親屬為官，但是都遭到了拒絕。

這些嬪妃當然都很不高興，而她們本來就都跟太子李建成、齊王李元吉走得比較近，大家經常在一起吃吃喝喝，所以，當李建成和李元吉陸陸續續聽到嬪妃們對李世民有所抱怨，比方說抱怨李世民「好大的架子」啦、「不近人情」啦，兄弟倆忽然找到了一個可以乘機來整整李世民的念頭。

「我們不妨要她們多在父親面前說他的不是，久而久之一定可以讓父親對他心生嫌隙。」李建成說。

「好啊，這招太妙了，又不費什麼工夫。」李元吉熱烈響應。

於是，兄弟倆從此每回在跟嬪妃們一起飲酒的時候，總要刻意汙衊一下李世民。

李建成會說：「這傢伙從小就是那麼一副不可一世、盛氣凌人的樣子，從來就不把我這個大哥放在眼裡，他好像搞不清楚到底誰才是老大！」

李元吉則是跟著一搭一唱，「就是說嘛，我一直都很為大哥抱不平，大哥的聰明才智絕對不會比二哥差，可是二哥現在好像很不得了啊！不是我在說，我覺得二哥真的是太不會做人了，只不過是一點點小忙，他明明能夠幫的卻偏偏不肯幫，實在是讓人好生氣！」

那些向李世民索討財寶、要求安插人事，卻遭到拒絕的嬪妃們，一聽到李建成和李元吉這些話，尤其是他們對李世民「盛氣凌人」、「不會做人」等批評，那可真是立刻感覺心有戚戚焉，簡直就是說到自己心坎裡去了。

說的多了，這些嬪妃們不免就會有意無意的，在李淵面前不時的批評一下李世民。譬如：

「我聽說秦王非常高傲啊。」

「秦王仗著自己為陛下打天下有功，眼裡好像就沒有別人了啊。」

一開始，李淵聽到這些話還會說「會嗎？」，但是慢慢聽得多了，就像「三人成虎」的故事一樣，聽到第一個人說鬧市裡出現了老虎時根本不信，聽到第二個人說就有些半信半疑，等到第三個人說的時候就相信了。李淵也是如此。就在嬪妃們不斷有意無意的中傷之下，加上李淵自己本身也很重享樂，竟漸漸的把李世民的功勞習以為常，甚至漸漸不怎麼喜歡李世民了。

而李建成和李元吉，除了慫恿嬪妃們繼續在父親面前說李世民的壞話，也不斷的在動別的腦筋、想別的辦法來對付李世民。

起初李世民對這些事情倒不在意，認為不過都是些雞毛蒜皮，何況他自信自己也是依據原則在辦事，又不是胡來。

有一天，李淵把李世民叫到跟前，怒氣沖天的質問他：「好啊！怎麼我寫的手詔居然不管用，你的指令在下面的州縣卻能夠一板一眼的執行，這成何體統！」

李世民一頭霧水，「兒臣不明白父皇的意思？」

「還要裝傻！」李淵怒道：「我賞賜的地，人家居然拿不到？說是你已經先賞出去了？」

李淵連珠炮似的又罵了一通，李世民聽著聽著總算是明白過來。原來是父皇的寵妃張婕妤的父親想要一塊地，拿著高祖寫的手詔去向淮安王李神通要地，結果卻碰了一鼻子的灰，李神通說，那幾十頃地秦王已經先賞賜給他了。

李世民雖然不知道張婕妤在父皇面前加油添醋的亂說些什麼，不過看父皇一臉怒容，也猜得到張婕妤一定是說了很多類似「您賞賜給我父親的地，被秦王奪去送給淮安王了，秦王還說您的手詔不算數」等等不堪入耳的話。

儘管李世民一再解釋：「淮安王確實有功，而且那塊地也確實是兒臣給他在先……」但是，不管李世民怎麼解釋，李淵根本聽不進去，還是氣得要命。

還有一次，李世民也是一被叫到宮中，就被李淵劈頭大罵道：「我看你現在是愈來愈不像話了！打了幾次勝仗就自以為了不起了，是不是？居然連你的部下都這麼狗仗人勢，居然敢欺負起人家老人家來了！」

李世民一愣，「父皇的意思是……」

他根本搞不懂自己哪裡惹父皇不高興了啊。

李淵厲聲指責，說李世民的一個重要謀臣杜如晦，日前經過尹德妃父親的家，居然惡形惡狀，對尹德妃的父親出言不遜，甚至還想出手打人，幸好被尹家的家僕及時擋住，否則後果真是不堪設想。

「不會吧？」李世民狐疑道：「他是一個讀書人，斯文得很，這不像是他的作風啊！」

杜如晦比李世民年長十三歲，從少年時期開始就聰明勤學，在隋朝大業年間曾經做過滏揚縣尉，當李淵父子攻克長安以後，他隻身投靠了李世民，這幾年來也甚受李世民的倚重，李世民實在不敢相信杜如晦會是那樣蠻橫霸道又無禮的人。

「哼，你就是會袒護底下的人！」李淵生氣的說：「我老早就聽說，你那些人一個個都趾高氣昂得很，我看啊，你現在也被他們給帶壞了！」

李淵一邊罵，一邊還言之鑿鑿的說，這件事是尹德妃親自告訴他的，不可能有假。

聽到父皇這麼說，李世民就不吭聲了。尹德妃也是父皇的寵妃，難怪父皇對她所說的話深信不疑。可是，他了解杜如晦，知道杜如晦絕不會是那麼蠻橫無禮的人。

李世民心想，這裡頭一定是有什麼誤會。

他忍耐著接受李淵的訓斥，等到稍後一回到府裡，馬上就派人去把杜如晦找來，想要問問清楚。

杜如晦是一瘸一拐的來的，臉上還有一些青腫。

「你怎麼了？」李世民問道：「這些傷是怎麼來的？」

杜如晦支支吾吾，顯然是有難言之隱。

李世民遂把李淵的指責簡單說了一下。杜如晦一聽，立刻懊惱的叫起來：「哎，這可真是惡人先告狀啊！」

「怎麼回事？」

原來，尹德妃的父親在地方上的名聲很不好，大家都知道他是一個仗勢欺人的小人。那天，杜如晦只不過是騎著馬經過尹家，沒有下馬，尹德妃的父親就很不滿，罵了一聲「真沒禮貌！」然後就指揮家僕擋住了杜如晦的去路，甚至還把杜如晦從馬上拖下來拳打腳踢痛打一頓，一邊打一邊還罵：「你是什麼東西，經過我們府前竟敢不下馬！」杜如晦就這樣莫名其妙的挨了一頓狠揍。

「居然有這樣的事？」李世民很驚訝，「你為什麼不跟我說？」

「我是想……說了也只是徒惹不痛快而已，多說無益。」

李世民當然相信杜如晦所說的才是真相。他猜想，大概是尹德妃的父親後來也覺得自己做得有些過分，於是就像杜如晦所說的那樣，趕緊惡人先告狀，沒想到父皇竟然不把事情調查清楚，就這麼把自己叫去給數落了一頓。

李世民後來也曾試著想要跟李淵解釋這件事情，但父親根本聽都不要聽，到後來也只能「啞巴吃黃連，有苦說不出」，何況過了一些時日之後，李世民自己也就淡忘了。

儘管身邊親近的人都已經開始陸陸續續的提醒李世民，說高祖現在跟他好像比以前要疏遠得多，要他注意多跟高祖交流，並且暗示太子好像對他心懷芥蒂，要他多加小心，但是李世民都沒有太放在心上。這個時候的李世民，一心還是放在統一大業上。在控制了黃河流域以後，接下來還要繼續收服長江中下游……

直到一年多以後，也就是武德七年（西元624年），發生了一件事，才澈底喚醒了李世民的警覺，使得原本心思都在戰場上的他，終於察覺到來自宮廷、來自手足之間的鬥爭，儼然已是一場風雨欲來風滿樓的態勢了。

11 嬪妃嚼舌根，秦王吃暗虧

那天，三兄弟陪伴高祖李淵一起到城外打獵。

打獵回來，高祖的興致很好，便跟三兄弟說，不妨來一場騎馬射箭的比賽吧。三兄弟都欣然響應。

正在準備的時候，太子李建成熱心的對李世民說：「我有一匹好馬，給你騎吧，你的騎術最好，你來騎最合適。」

李世民看大哥如此友善，也沒多想，就一口應承下來。

很快的，一匹高頭大馬就被牽過來了。

李世民的第一印像是，這匹馬很漂亮，不過，一看就覺得好像還沒有被完全馴服，因為牠的腳還不時的一踢一蹦，負責牽牠的人也是一臉緊張，而且好像費著很大的勁兒，才勉強抓得住繫住牠的繮繩似的。

這時，李世民身邊的人小心提醒道：「這匹馬好像不大好騎啊。」

「這個我看得出來，」李世民不以為意道：「既是好馬，當然還是會有些野性的，怕什麼！」

然而，出乎李世民意料之外的是，這匹馬身上的野性比他估計的還要強得多。李世民一騎上去，這匹馬竟然立刻人立起來，幸好他的反應奇快無比，馬上跳了下來，穩穩的站立在地面上。

「好傢伙，真厲害啊。」李世民不信邪，又跳上了馬背。

馬兒還是立刻又蹦又跳，顯然是想趕快把騎在自己身上的那個什麼東西給甩下來！

李世民身手俐落，在被甩下來之前就已經再度穩穩的跳到了地面。

這根本是一匹未經馴服的烈馬啊。

李世民想了一想，還是決定要做第三次嘗試，於是，他一縱身，轉眼又跳到了馬背上！

這一次很順利，李世民終於把這匹馬給馴服了。

現場響起一陣熱烈的掌聲，眾人都為秦王李世民精湛的馬術而紛紛拚命鼓掌！

李世民也不是傻子，他看看站在不遠處表情不大自然的大哥，有點賭氣的對左右說：「看來好像有人故意想要讓我摔死，可是，生死有命，富貴在天，我可沒那麼容易就摔死的！」

這原本也只是一番氣話，沒想到隔天李世民又被李淵叫到面前痛罵。

李淵指著李世民的鼻子大罵道：「天子是人人都可以當的嗎？你有這個命嗎？我還沒死呢，你大哥也活得好好的，哪裡輪得到你來痴心妄想！你以為你會打仗，就可以這麼沒有分寸了？」

一番劈頭蓋臉的臭罵，把李世民罵得簡直不知道該說些什麼才好。

李世民也不高興了，板著臉問道：「父皇此言到底是什麼意思？」

「什麼意思？哼，你不是應該最清楚的嗎？……咦，你在瞪我嗎？我連講你幾句都不可以了嗎？你也太囂張了吧！難怪大家都說你狂妄，我看你還真的愈來愈搞不清楚自己姓什麼叫什麼了！」

李世民勉強壓抑住滿腔的怒氣，追問道：「父皇為什麼突然這樣毫無緣由的就責怪兒臣呢？兒臣實在不明白自己做錯了什麼啊！」

「毫無緣由嗎？」李淵看起來火氣更大了，「看來你不僅說話不經腦子，記性也特別差，怎麼昨天才剛剛講過的話，今天這麼快就忘了？真搞不懂像你這樣還怎麼打仗！」

「昨天？昨天兒臣說了什麼？」

「哼，別裝了！你不是說，你有天子的命，所以哪怕是誤騎了什麼烈馬也不會有事的嗎？」

「什麼？是誤騎嗎？那是大哥要我騎的啊！」李世民頗為憤慨，說到這裡，他猛然靈光一現，「我明白了，是不是又是大哥在父皇面前說了些什麼？」

「不只是你大哥，他說很多人都聽見了的……」

「他說？他說！都是他說！」李世民嚷起來了，「父皇！您為什麼這麼相信大哥！就是不相信我？為什麼您就不曾想過，這些都是大哥在中傷我？」

「怎麼可能！你們是親兄弟，他幹麼要中傷你！」李淵一口就否決了，並且很不高興的又衝了李世民一頓，「我看你真的是愈來愈放肆了！居然敢這麼跟我大呼小叫！算了，我不跟你說了，下去吧！」

李世民還想再努力解釋一下，但是李淵已經完全不願意聽了。

李世民猜測得沒錯，父皇之所以會這麼生氣，的確是昨天大哥李建成聽到他說的「生死有命，富貴在天，我可沒那麼容易就摔死」那句話，然後在張婕妤、尹德妃等嬪妃面前故意歪曲，說李世民洋洋得意的自認有天子之命，惹得這些嬪妃一個個都同仇敵愾。

張婕妤說：「哎喲，秦王未免也太狂妄了吧！狂妄到連什麼祖宗家法都不管啦！」

尹德妃也說：「就是說嘛，如果他有天子之命，那把太子您放到哪裡去了呀！」

稍晚，這些嬪妃們在伺候高祖李淵的時候，又在李淵面前加油添醋的猛嚼舌根，說什麼早就聽說秦王愈來愈不可一世，氣焰愈來愈大，其實，秦王也只是一個會打仗的粗人，哪裡比得上太子那般忠厚仁義。李淵聽了，竟也不辨是非的在心裡就對李世民定了罪，感覺到不趕快教訓教訓這個老二不行了，否則的話，說不定哪天這小子還會爬到自己的頭上來了！

所以，第二天李淵才會急急忙忙就把李世民叫到跟前痛罵了一頓。

12 東宮設宴毒害秦王

過了幾天，李建成派了一個使者，送了一封請柬以及一封書信過來，信上的大意是說，前兩天因為弄錯了馬匹，不小心讓李世民騎到烈馬，差一點就讓李世民受傷，太子為此深感過意不去，因此特別設宴想款待秦王，向秦王賠個不是。

李世民一看完信，就老大不高興的說：「他怎麼忘了說，他在父親面前搬弄是非，這一點也應該深感抱歉才對啊。」

說罷，隨手就把這封信交給左右。

身邊的人看了以後，都說宴無好宴，恐怕其中有詐，都反對秦王赴宴。還有人說，當年漢高祖赴鴻門宴，險些就回不來。總之，大家都懷疑太子設宴的動機，都勸李世民不要去。

李世民卻說：「笑話！哥哥請弟弟吃飯，做弟弟的怎麼能不去？再說，有什麼好怕的？」

他還說，拿鴻門宴相比根本是不倫不類，因為大哥可不是西楚霸王，他也不是那個什麼都不會的漢高祖！

見李世民執意要去，眾人只好說，那就多帶一點人手過去好了。

這一點李世民也不同意。他說：「去吃飯又不是要去打架，帶那麼多人手去幹什麼？」

這時，剛好房玄齡過來。房玄齡比李世民年長二十歲，成熟穩重，足智多謀，這幾年來在李世民東征西討、努力消滅反唐勢力的時候，房玄齡一直都是隨軍出征，盡心盡力的輔佐秦王，做出了卓越的貢獻。當房玄齡得知太子要宴請秦王，直覺也是恐怕不會有什麼好事。然而，太子和秦王畢竟是親兄弟，何況年輕的秦王自恃英勇，也不可能因為有些顧慮就不赴宴，因此心生一計。

房玄齡說：「淮安王李神通這幾天正好也在京城，要不至少邀淮安王一起去吧？」

房玄齡的想法是，淮安王李神通的武藝比較高強，讓親近秦王的李神通一起赴宴的話，對秦王總是比較有保障。

對於這個提議，李世民不置可否，沒有堅決反對。於是，當天晚上，李神通就陪著李世民一塊兒去東宮赴宴。

他們一到東宮，太子李建成和齊王李元吉就熱情的迎了出來，連聲說：「歡迎，歡迎！我們已經等了你好久啦！」

看到淮安王李神通，兩人也沒有什麼不悅的表情，仍然是滿臉堆著笑容說：「歡迎，歡迎！來得正好，來得正好啊！」

來到用餐的地方，只見桌上擺滿了豐富的菜肴，還有好些美麗的姑娘也在，一個個都是笑臉盈盈。

「來來來，請上座！」李建成拉著李世民，就要把李世民往上座推。

「這怎麼好意思，」李世民推辭道：「大哥你太客氣了！」

「哪兒的話，我今天是專程要向你賠禮道歉的啊。」

經不住李建成的堅持，李世民只得在頂頭那個上座坐了下來。

主客終於落座，其他人也就紛紛坐了下來。本來李建成想指派兩個漂亮的姑娘分別坐在李世民左右，負責為李世民添酒，不過，李世民右邊那個位置已經被李神通一屁股給搶先坐了下來。李建成見狀也沒多說什麼，還是非常熱情的要大家盡情的喝酒，還要放開了吃。

李建成一臉鄭重的向李世民敬了一杯酒，「兄弟啊，別生大哥的氣，前兩天實在是誤會，我本來是想，你的騎術向來是我們三個之中最好的，所以才把最好的一匹馬讓給你騎，因為只有你才有資格騎這麼好的馬呀，哪曉得原來這匹馬的野性還這麼強，險些就把兄弟給傷到了，來，大哥今天專程為了我那天的疏忽向你道歉！」

說完，便很乾脆的一仰而盡。

看大哥都乾杯了，李世民當然也跟著乾杯，並且說：「也沒什麼，過去的就算了。」

李元吉也開始向李世民敬酒，「那天回來以後，大哥一直好難過，還怪我了，因為之前我還特別跟管理馬匹的人交代過，還沒有被馴服的烈馬不要混進來，結果還是發生那樣的事，都是小弟沒有做好，都是小弟的錯啊，來，二哥，我也敬你一杯！」

就這樣，三兄弟不斷的互相敬酒、乾杯，氣氛相當友好。

大哥李建成還忽然有所感觸的說：「哎，我們三兄弟好像已經很久很久沒有像今天這樣在一起痛快的喝酒了啊。」

「是啊……」李世民一聽，心裡那塊特別柔軟的部分一下子也被觸動了，許多童年的生活片段也瞬間在腦海中浮現。

他們李家從西魏開始就具備顯赫的政治背景，父親李淵又是隋文帝的姻親，三兄弟出生在這樣的家庭，自然是從小就享受著優渥的生活，三兄弟每天在一起玩樂，好不愉快。在李世民八歲那年，楊廣謀殺了親生父親隋文帝，登基做了皇帝，成為隋煬帝，從此，天地為之劇變，父親在家也開始經常暴躁易怒，甚至長吁短嘆。少年時期，三兄弟都受到家庭尚武習俗的薰陶，天天在一起練習騎馬射箭，如果不去為天下大事操心，那段時光還是相當愉快的。接著，是全家隨著父親職務調動而遷移，三兄弟跟在父親身邊，到過不少地方，都培養出很強的適應能力，那時手足之間的感情還是相當緊密。接下來，造反頻仍，他們眼看父親猶豫不決，心裡都很著急，三兄弟經常在一起討論天下局勢，並且反覆勸說父親應該及早加入反隋的浪潮……

當往事一幕幕的掠過，三兄弟在酒酣耳熱之際，一切的不愉快彷彿真的都只是一些小小的誤會，都在此刻歡聲笑語之中自然而然的煙消雲散……

突然，李世民覺得肚子一陣劇痛。

他強忍住，疑惑的想著：「奇怪，是吃了什麼不新鮮的東西嗎？」

劇痛的程度急速增強。

李世民感覺到自己的額頭彷彿都已經冒出冷汗。

「這是怎麼回事？難道……」就在疑惑間，李世民看到大哥和弟弟都不約而同專注的盯著自己。

這麼一來，李世民心裡就什麼都明白了。

他強做鎮定，盡最大努力忍受著極大的腹痛，盡量表現得若無其事。

「你怎麼了？還好吧？」大哥問道。

弟弟也問：「二哥，你剛才的眉頭好像皺了一下，沒事吧？」

李世民倍感氣憤，天啊，瞧他們倆居然還可以裝得這麼一副無辜的樣子……不過，李世民隨即想到自己現在畢竟還在東宮，大哥的地盤，這個時候也只能跟著裝糊塗，趕緊撤了再說！

「沒事，只是喝多了有點兒頭昏……」李世民說著，然後抓住身邊李神通的臂膀，說了一句：「我們回去了吧！」

李世民在抓李神通臂膀的時候，暗暗使了一下勁，把李神通嚇了一跳，再看看李世民，感覺他的神色不對，也就立刻意識到了一點什麼。

「好，我們走。」李神通跟著站了起來。

李建成和李元吉好像都很失望，也都有點兒著急，極力挽留。不過，李世民堅決告辭，他們覺得也不好強留。

李世民就這樣撐著跳上了馬，像沒事似的策馬離開了東宮。李神通就在他的身邊騎馬護送。

走著走著，走到距離東宮已經有一小段路，至少已經脫離李建成和李元吉視線的時候，李世民再也撐不住了，眼前一黑，就從馬上摔了下來。

「秦王！你怎麼了？」李神通大吃一驚，立刻跳下馬。

這個時候，李世民的腹痛已經腹痛難忍，滿頭大汗，幾乎說不出話來，只能虛弱的說：「走……快走……」

李神通遂趕緊把李世民扶上馬，自己再跳上馬，從李世民的背後把他緊緊抱住，兩人共騎一匹馬迅速奔回秦王府。

回到秦王府，李神通把李世民扶下馬，就火速背起他往屋內跑！

結果，李世民才剛剛被放下來，就口吐鮮血，而且一吐就吐了好幾升！

李世民的妻子嚇得大哭，以為李世民沒救了，頻頻哭問道：「怎麼會這樣？怎麼會這樣？」

「叫大夫！趕快叫大夫過來！」李神通急得大叫。

一時之間，眾人亂成一團。

很快的，房玄齡、杜如晦等人也都聞訊趕到，看到李世民如此慘狀，心中都已有了想法。

稍後大夫趕到，為李世民診治以後，做出了一個驚人的結論——秦王被下毒了！

「一定是在酒裡下毒的！」李神通很是懊惱，「奇怪，他們是什麼時候讓秦王喝下毒酒的？我怎麼都沒有察覺？啊，我真是罪該萬死！」

房玄齡和杜如晦互看一眼，兩人都感覺到形勢已經愈來愈嚴峻了。

13 魏徵為東宮出謀劃策

或許是「當局者迷，旁觀者清」，自李淵稱帝以後，東宮和秦王府之間的鬥爭就暗潮洶湧，一天比一天嚴重，李建成和李世民畢竟是親兄弟，似乎對彼此都還心存幻想，但是他們身邊的謀臣卻早已經嗅出了不祥的血腥之氣。

為了忠於主子，也為了自保，這些謀臣都希望他們的主子能夠積極面對這樣的形勢；李世民身邊的房玄齡、杜如晦等人如此，李建成身邊的魏徵等人也是如此。

魏徵的年紀和房玄齡相仿，他的父親博學多才，曾經做過北齊著作郎，因為直諫被貶為上黨囤縣令，父親這種正直的性格對魏徵的影響很大。魏徵在青年時期，由於父親去世得早，生活相當困難，再加上當時又適逢隋末動亂，為了躲避動亂，他甚至還出家當了道士。

當時，在河南一帶由李密和翟讓所領導的瓦崗軍聲勢浩大，攻占了洛陽東北最大的糧倉，還一路開倉放糧，救濟百姓，深受百姓擁護，造反的隊伍以很快的速度日漸茁壯。隋大業十二年（西元616年），武陽郡丞元寶藏起兵響應李密，元寶藏知道三十六歲的魏徵有學識，請他來郡府掌管書記，魏徵毅然前往。後來，李密見到元寶藏的書信，非常欣賞，一問之下得知原來都是出自魏徵之手，就把魏徵請到元帥府來擔任文學參軍（以今天的概念來說，就是「挖角」）。

魏徵來到李密身邊，為李密效勞之後，其實提過不少後來都被證實為真知灼見的建議，然而當時李密卻都沒有採納，這讓魏徵頗為鬱悶。後來，在與李淵父子的對抗中，瓦崗軍全面崩潰，李密投降唐朝，魏徵也就隨著李密來到京城長安，從此歸順唐朝。

之後有一段時間魏徵不受重用，遂主動向高祖李淵請求去安撫山東。李淵同意了，並把魏徵升為祕書丞。魏徵就這樣頂著

新官銜，從長安遷到黎陽。結果魏徵還真厲害，沒過多久，居然不費一兵一卒，就讓唐朝獲得了山東在太行山以東相當廣大的一片區域。

魏徵是怎麼辦到的呢？原來，是因為他知道當時據守黎陽的徐世勣（ㄐㄧ）是李密的舊部，於是洋洋灑灑的寫了一封勸降信，向徐世勣仔細分析當時的局勢，勸徐世勣盡早投降。徐世勣被說服了，就決定歸唐。

後來徐世勣還成為唐朝一代名將，在多次戰役中立下赫赫戰功，李淵甚至賜以「李」姓，這可是一項極大的尊榮。（日後當唐太宗李世民上台以後，又為了避諱，而改名為「李勣」。）

不久，魏徵來到魏州，也說服元寶藏歸附了唐朝。不過，就在魏徵完成向元寶藏招降的使命，從魏州回到黎陽以後，同年十月，竇建德的造反大軍攻占了黎陽，魏徵被俘。竇建德對魏徵倒相當禮遇，拜他為「起居舍人」。接下來的日子，魏徵就為竇建德效命。直到武德四年（西元621年），李世民率兵圍攻洛陽，並一舉擊敗了王世充和竇建德以後，魏徵才又再度歸唐。

這個時候，魏徵已經年過四旬，一路走來，並不順利。

在一個偶然的機會中，太子李建成得知魏徵有才氣，就把他召到自己身邊，魏徵從此就成為東宮的官屬。由於李建成對魏徵相當器重，魏徵為了報答太子的知遇之恩，也對李建成十分忠心。

就像房玄齡、杜如晦等人早就感覺到東宮和秦王府之間的激烈鬥爭一樣，魏徵也是早早就預見到了這一點，因此全心全力為太子李建成出謀劃策。

他一再提醒太子，「秦王功蓋天下，深得人心，殿下只不過是因為年長而位居東宮，不能鎮服海內，應當極力再爭取一些卓越的戰功。」

為了替李建成爭取戰功，魏徵可是煞費苦心。不久，他發現了一個很好的機會。

原來，在李世民大敗竇建德的時候，竇建德有一支殘部劉黑闥（ㄊㄚˋ）趁亂逃往突厥，經過幾個月的休整以後，又回過頭來滋事，重新占領河北失地，還恢復了很多州縣。一得到這個消息，魏徵馬上跟李建成說：「這是一個大好的機會，殿下一定要好好把握，主動請纓！」

他進一步向李建成分析，劉黑闥的部隊，人數不多，連一萬人都不到，又缺乏組織，再加上資源匱乏，一旦面臨大軍壓境，勢必是兵敗如山倒，不堪一擊。如果李建成主動請纓前去討伐劉黑闥，不僅有如探囊取物，可以增加軍功，還可趁此機會廣結山東一帶豪傑，豈不是兩全其美？

在唐王朝的統一戰爭中，唐軍每攻克一座城池，將領往往是把目光集中在府庫裡的金銀珠寶。然而李世民身邊的重要謀士房玄齡，卻總是先物色當地的人才，並且廣為吸納招進王府，後來這些文臣武將確實大大增加了秦王府的實力。魏徵早就注意到這一點，也深感東宮在吸納人才這方面的不足，所以才會這樣提醒李建成。

李建成覺得魏徵分析得很有道理，便趕快搶先去向父親請纓，說願意去討伐劉黑闥。高祖李淵同意了。

魏徵隨軍出征。唐軍行至昌樂，劉黑闥嚴陣據守，形成兩軍對壘的局面。

魏徵建議，「殿下不妨採取鎮壓和安撫兩相結合的策略，一方面鎮壓，另一方面也遣返俘虜，使他們相信朝廷的赦免政策，以這樣的方式來瓦解他們的軍心。」

李建成言聽計從，按照魏徵的建議去做，劉黑闥的部隊果然很快就軍心渙散，有的逃亡，有的投降，劉黑闥最後敗走洺（ㄇㄧㄥˊ）州，被唐軍所殺。

鑑於東宮與秦王府的矛盾日益激化，魏徵早就三番兩次勸太子李建成及早下定決心，除掉秦王李世民，以絕後患。

那天晚上，李建成以宴請為由，想要乘機毒殺李世民的計畫，魏徵事先並不知情，一直到隔天才知道。知道以後，魏徵首先責難當晚在場知情的侍衛說：「既然要動手，就要一刀斃命，毒酒為什麼不夠毒？後來秦王要告辭的時候，又為什麼要讓他走？這不是放虎歸山嗎？想當年西楚霸王項羽就是在鴻門宴中放走了漢高祖，才導致後來垓下自刎的惡果啊！這樣半調子的暗殺手法實在是太拙劣了，只不過是打草驚蛇而已！」

當年的楚漢相爭，「鴻門宴」確實是一個極其重要的分水嶺，在此之前，西楚霸王還是處於絕對優勢的情況，劉邦根本不堪一擊。可是就在鴻門宴項羽不顧老臣范增的忠告，大意放走了劉邦以後，情勢就急轉直下，從此整個局面就對楚軍愈來愈不利，為期四年的楚漢相爭最終是以劉邦的勝利終結。

接著，魏徵又建議太子李建成：「昨晚沒有把秦王毒死，秦王今後一定會更加提高警覺，說不定還會設法採取行動，請殿下拿定主意，趕快誅殺秦王！」

「可是……」李建成還是猶豫不決，「誅殺手足，不符倫常，恐怕會被天下人所詬病，還是應該做得技巧一點，隱密一點，不要落人口實比較好吧！」

魏徵說：「兩害相權取其輕，何況殿下與秦王府相爭，也是皇位保衛戰，關乎國家社稷，將來世人一定能夠諒解的。畢竟，如果因為兄弟相爭而造成國家不安，那樣的罪過不是更大嗎？殿下有權也有義務避免那樣的局面！」

「不過……他們秦王府裡頭個個都是戰將，如果真要硬碰硬，恐怕我們未必打得過。」

總之，李建成不聽魏徵速戰速決的建議。他和弟弟李元吉商議，決定在動手之前，先想辦法瓦解秦王府的勢力。

14 李淵偏心——手足相殘的導火線

李世民從被毒殺的陰謀裡僥倖逃脫後的第二天，虛弱的躺在床上，腦海中一直回憶著前一天晚宴的情景。

杯觥（ㄍㄨㄥ）交錯，談笑風生，大家一起回味童年種種愉快的時光，多麼溫馨友好的氣氛……

真想不到啊，原來大哥和弟弟居然會想置自己於死地！

此刻，李世民的身體非常不適，但是心裡更加難受。他想起房玄齡、杜如晦等謀士早就再三提醒過自己，隨著自己的功勞愈來愈大，光芒蓋過大哥，大哥只怕是會愈來愈容不下自己。

怎麼辦？難道真的要走上手足相殘這條路？

過了幾天，李世民的身體慢慢康復。這天，他正在房裡休息的時候，侍衛進來通報，皇上聽說秦王身體不適，特意前來探望。

說著，李淵就已經大踏步的走了進來。

李世民趕緊站起來迎接。

「坐，坐！」李淵坐下之後，看看李世民，「聽說你前兩天晚上吃壞了肚子？現在沒事了吧？臉色看起來好像還是不大好啊。」

李世民一聽就來氣了，「父皇是聽大哥說我吃壞了肚子的吧？」

「是啊，他說那天晚上你們三兄弟在他那裡聚餐，氣氛很愉快，可惜不知道怎麼搞的，可能是有什麼東西不新鮮，害你吃壞了肚子，他還說已經把負責那天晚宴的廚子給治罪了。」

李世民苦笑一下，「廚子無辜啊。」

李淵微微一愣，「你這是什麼意思？」

「為什麼無論大哥說什麼，父皇都這麼深信不疑呢？」李世民的語氣開始有些激動。

「這是什麼話？你們是親兄弟啊。」

「是啊，我們是親兄弟，但是，大哥想毒死我啊！我想小弟也知情……」

「胡說！」李淵板著臉重重的打斷了李世民，「怎麼可能會有這樣的事！」

「事實俱在啊！那天晚上要不是兒臣察覺得早，要不是兒臣的身體底子好，恐怕就再也見不到父皇了！父皇知道嗎？那天晚上是我跑得快，回到府裡也吐了好幾升的鮮血，如果跑得慢，早就在東宮吐血身亡了！」

李世民講得相當憤慨，然而，李淵聽了卻沉默不語，過了半晌才說：

「不會的，這其中一定是有什麼誤會……」

李世民激動的說：「父皇為什麼就不相信我呢？大哥想要對我不利的事情已經一而再、再而三的發生，本來我也不相信的！可是，現在事實擺在眼前，由不得我不信！父皇聽說過吃壞肚子會口吐鮮血的嗎？」

李淵再度沉默。稍後，等他一開口，李世民真的是澈底失望了。

李淵說：「你能幹，你要幫你大哥多分擔一點，還要主動對他表現出善意，讓他放心，他畢竟是你大哥，這是不可改變的事實。」

說到這裡，李淵稍微頓了一下，彷彿是在字斟句酌，然後慢慢的說：

「有些話，當年朕也只是一時興起，隨口說說，缺乏深思熟慮，你可千萬不要太過當真。」

原來，在父子打天下的時候，因為李世民屢屢旗開得勝，李淵曾經興匆匆的對李世民說過：「這天下都是你打的，將來應該讓你做天子才對！」

不過，當時他在說那句話時，只不過是隨口一說，並沒有經過慎重考慮。如果要慎重考慮，他還是覺得「立長不立幼」的傳統不可廢除，李建成既然是長子，就理應是太子，這是一個毫無爭議也不可改變的事實。

也就是說，李淵現在無異是在宣告自己的立場，那就是李建成這個太子的地位穩如泰山，不可能有什麼動搖的，而且還暗示李世民，千萬不可對「太子」、對「皇位」有什麼痴心妄想。

這也意味著，李淵其實對於他們兄弟之間的爭鬥是有所耳聞的，但是他顯然一味的維護偏袒老大李建成，甚至還有一點指責李世民的意思，大概是懷疑李世民對皇位有什麼野心，才會引起這麼多的不愉快吧。

這可真是讓李世民在倍感委屈的同時，也氣憤到了極點。

15 兄弟反目，李世民先發制人

接下來的一年多，由於高祖李淵分別在李建成和李世民兩方那裡都說了一些重話，算是鎮住了局面，表面上兄弟倆沒有再發生什麼很不愉快的事情，但實際上東宮和秦王府之間的爭鬥仍然暗潮洶湧。

與此同時，為了在武力對抗中取得勝利，為了有一個百分之百的勝利保障，李建成和李元吉兩人，其實一直暗中積極進行著瓦解秦王府勢力的工作。

首先，他們想收買秦府的將領，第一個目標是尉遲敬德。

說來誇張，東宮竟然派人拉了一車金銀財寶來到尉遲敬德的家，說要送給尉遲敬德！

但是，尉遲敬德不為所動，對東宮的使者說：「無功不受祿，這些東西我不能要，還是請您拉回去吧！」

沒過幾天，尉遲敬德的家裡就來了刺客，然而，刺客的身手比起尉遲敬德還是遜上一籌，因此幾個回合下來，刺客就被尉遲敬德給斬了。

好端端的怎麼會突然來了刺客？尉遲敬德心知肚明，一定是東宮那兒眼看賄賂自己不成，就想來硬的，想用行刺這種手段來除掉自己。然而，這也只是一種猜測，沒有證據。

又過了幾天，尉遲敬德又突然被人誣告謀反，幸虧秦王李世民力保，李淵最終採信了李世民的說法。李世民說尉遲敬德多年來一直忠心耿耿，在戰場上總是身先士卒，拚死搏鬥，絕對不可能有謀反之心。

又過了一段日子，李世民得到消息，父皇要將房玄齡和杜如晦調出秦王府。

「為什麼？」李世民很不高興，也很是困惑。

使者說，因為皇上對他們兩人另有重用。

這其實也是太子李建成和齊王李元吉在暗中搞的鬼，他們在李淵面前不斷進讒言，表示之前和李世民之所以會有那麼多誤會，全是

因為李世民受了身邊小人的慫恿，應該把這些小人調離李世民的身邊，這麼一來，兄弟之間就不會再有什麼不愉快了。本來親兄弟血濃於水，什麼事不好談，但是只要一有外人在裡頭興風作浪，就算是小事也可能會變成大事。

這個看法剛好和李淵不謀而合。李淵從很早以前就有一種感覺，李世民身邊的那些謀臣，個個都比李世民年長很多，又都頗為能幹，為了保護李世民的利益，肯定是不斷在替李世民出主意，聽說還有很多人會經常鼓動李世民覬覦（ㄐㄧˋㄩˊ）皇位，所以李淵心想，只要把這些人弄走，李世民應該就不會有那麼多心思了。

其實，李淵不僅僅對秦王府有那麼多的謀士不大以為然，對於東宮和齊王府的謀士，李淵也一樣不太喜歡。有一次，李建成和李元吉居然密告李世民想謀反，要父親趕快誅殺李世民，當時李淵不信，還氣呼呼的質問兩個兒子，這個謠言是從哪裡來的？大概是看父親很不高興，李建成和李元吉也沒敢再堅持，結結巴巴的說是有人告訴他們的，後來李淵就理解為：八成是他們身邊的人沒事就多嘴多舌惹出來的。

總之，李淵的心裡就是認為，一家人就是一家人，就算是有天大的誤會都是可以解釋清楚的，主要是那些外人總是在旁邊瞎起鬨。譬如秦王府的房玄齡和杜如晦，李淵就認定，他們固然對李世民有幫助，但一定也有不好的影響。尤其李淵對杜如晦的印象更不好，這是因為杜如晦之前得罪過尹德妃，尹德妃曾在李淵面前大力抨擊他的緣故。

房玄齡和杜如晦有如李世民的左膀右臂，他們倆一被調離秦王府，整個秦王府上上下下都有形勢愈來愈吃緊的感覺。

這個時候是武德九年（西元626年）五月底，恰逢突厥入侵，對於東宮來說，赫然發現找到了一個可以徹底殲滅秦王府的機會。

六月初一這天晚上，秦王府來了一個神祕的客人。這個人一身布衣，整個臉幾乎都用布遮擋住，根本看不清是什麼模樣。一到了秦王府，此人先透過大門口的侍衛通報，說要找自己的大伯，這個大伯是李世民身邊的侍衛，然後再由這個侍衛帶著去見李世民。

侍衛走到李世民的身邊，帶著既緊張又嚴肅的神情悄悄對李世民說，自己的姪子在齊王府任職，帶來一個重要的情報，要當面跟秦王報告。

到底是什麼重要的情報呢？

原來，每回突厥入侵，按慣例都是由李世民負責督軍御敵，太子李建成和齊王李元吉密謀，想趁最近又發生突厥侵擾邊境的時機，一起去向父皇請求這回能夠改派李元吉北征。此舉表面上是想為父親分憂，同時也鍛鍊一下李元吉，讓李元吉也有立功的機會，實際上是想乘機大量調用秦王府的武將以及精銳衛隊，這麼一來，秦王府的武力遭到大幅削減以後，東宮和齊王府再聯手以迅雷不及掩耳的速度向秦王府發動攻擊，到時候李世民就只能坐以待斃了。

李建成和李元吉向來都很擔心秦王府裡頭的戰將太多，兩人打定主意，這回只要能夠順利把李世民身邊的將領抽掉，攻打秦王府就會變得輕而易舉。這就是兄弟倆商議出來的萬無一失的計策。

當然，這麼一來，對於秦王府裡的人來說，無異將是一場滅頂之災。這個在齊王府任職的小兵，就是因為不忍心對自己身在秦王府的大伯見死不救，這才偷偷跑來密告。

這個小兵透露，這是今天中午太子來齊王府聚餐時所商定的計謀，當時他正好在齊王身邊護衛，剛巧就聽到了。

李世民聽到這個消息，愣了半晌，然後交代左右，命人趕緊偷偷去找已經被調離秦王府的房玄齡和杜如晦回來一起商量對策。

第二天，六月初二，在夜深人靜的時候，房玄齡和杜如晦喬裝打扮成道士，先後溜進了秦王府的大門。

李世民早就在書房裡頭候著了。長孫無忌、尉遲敬德、還有李世民的舅舅高士廉等人也在；他們都是李世民身邊最為推心置腹的幾個人。大家的神情都有些凝重。

得知最新情況以後，大家的意見都很一致，都勸李世民不要再猶豫，趕緊先下手為強！

房玄齡說：「嫌隙已成，實在已無和好的可能，萬一因為兄弟爭鬥而發生動亂，整個國家社稷將會為之不安，實在不是百姓之福！」

杜如晦也說：「現在已到了生死存亡的緊要關頭，刻不容緩，不能再猶豫了！」

性格有些急躁的尉遲敬德直言道：「事實已經擺在眼前，想必在踏平秦王府之前，東宮和齊王府是不會罷手的，如果到現在王爺還遲遲拿不定主意，那是不智，而遇事不夠果斷，那是不勇！」

「可是……」李世民仍然有所顧慮，皺著眉頭說：「我們畢竟是同胞手足，若骨肉相殘，世人對於先發動的那一方一定不能諒解！」

這時，房玄齡就說：「大王功蓋天地，當承大業，而承大業的人，不能過分拘泥於傳統。就算是得不到天下人的諒解又如何？這或許就是王爺的宿命！要做大事的人有時候總是要受到一些委屈的，現在只有王爺先出手，解決目前這種社稷不安的局面，才是國家百姓之福！」

大夥兒又你一言、我一語的勸說了半天，並且還引經據典，用歷史上周公的故事來激勵李世民。周公（生卒年不詳，只知道大約生活在西元前十一世紀）在輔佐成王的時候，自己的哥哥管叔造反，結果為了國家社稷的安定，周公也只得狠下心來誅殺管叔。大夥兒的意見就是，兄弟相爭總是不利於國家社稷，而國家社稷的利益應該高於一切，為了達到安定社稷的目標，有時候兄弟相殘的悲劇就難以避免。

李世民專注的聆聽著大家的意見。其實他自己對於目前的局面也是深感憂心。最後，李世民下定決心，握緊拳頭道：「好吧，就由我來做這個罪人吧！」

接下來，大家就開始商議要如何動手。

大家都認為，既然要出手，就一定要「快、狠、準」，絕不能拖泥帶水，而且一定要把太子和齊王同時解決，這樣才能速戰速決，以絕後患。該怎麼樣才能把他們同時解決呢？經過一番討論，大家遂訂出一個周密的計畫，那就是想辦法讓太子和齊王一起去上早朝，然後在他們上朝的途中動手。

事不宜遲，一定要快！

所以，翌日，六月初三一大早，趕在太子李建成還來不及向高祖李淵建議讓齊王李元吉負責北征，阻擋突厥進犯的腳步，李世民就已經提前一步先跑到李淵跟前去告狀，指控大哥和弟弟淫亂後宮。

「什麼！居然有這樣的事？」李淵一聽，果然大發雷霆！

緊接著，李淵下令，派人分別去通知太子和齊王，要他們第二天親自過來解釋。

六月初四清晨，李世民早早就率領著兵馬，埋伏在玄武門裡頭。

這一天，玄武門發生了流血政變。

李世民吸納東宮陣營

在殺了大哥和弟弟以後，出乎很多人的意料之外，李世民對東宮和齊王府的幕僚部屬一律採取寬大的處理，並沒有誅殺他們，也沒有讓他們統統下獄。

李世民希望這個不幸的事件能夠盡快落幕，盡量不要波及旁人。

向來很有識人之明並且用人唯才的他，甚至還把東宮和齊王府中的人才吸納過來。最典型的例子就是魏徵了。

悲劇事件才剛發生不久，有一天，李世民見到魏徵，一開始還有些不高興，板著臉質問道：「你為什麼要離間我們兄弟的感情？」

這是因為李世民早就聽說魏徵曾經多次主張，太子應該盡快用武力解決兄弟之間的明爭暗鬥，然而太子卻一心想等萬無一失的時候再動手。

受到李世民的質疑，魏徵毫無畏懼，態度非常從容的回答道：「太子如果肯聽我的話，就絕不會有今日之禍。」

李世民是一個明理的人，心想，這話說得一點也沒錯啊，房玄齡、杜如晦、尉遲敬德等人不也是異口同聲的勸自己盡早下定決心，盡快除掉大哥和弟弟嗎？說穿了，大家也不過只是效忠自己的主子而已，自然是千方百計為了維護主子而努力，這並沒有什麼錯啊。

何況，魏徵接著又不疾不徐、不慌不忙的舉了一個春秋時期齊桓公重用管仲的例子；齊桓公在登基之前，還曾經中過管仲一箭呢，但是後來齊

桓公並沒有記仇，知道管仲有才能，在即位以後還是重用了管仲。因為之前管仲向他射出的那一箭並不是基於什麼私仇，只不過是因為忠於當時的主子公子糾而已啊。後來，管仲對於協助齊桓公成就霸業發揮了莫大的力量。

聽魏徵舉了齊桓公如此大度的例子，李世民頓時感覺到自己可不能顯得比齊桓公小器。

再看看魏徵臨危不懼，舉止安詳，對照一下東宮其他那些怕得要命的人，李世民就更加覺得魏徵相當難得，反而任命他為詹事主簿，掌理東宮的庶務和文書，後來又讓魏徵做了諫臣，對他相當器重。

17 李淵讓出皇位

「玄武門之變」發生以後，天下震動。給高祖李淵帶來的震撼，當然更是非同小可。

他一直只知道三個兒子尤其是老大李建成和老二李世民一直在互相較勁，但他還以為較勁歸較勁，兒子們都還是接受自己的安排，各司其職，他真是作夢也沒想到，兄弟之間的爭鬥最後竟然會以流血作為結束。

只能說，他們所爭奪的不是一般的東西，是皇位、是天下！

接下來，自然是李世民理所當然的成為太子，也就是未來的皇位繼承人。

不過，就在這個時候，李淵身邊的人都不斷發出警告，也不斷給李淵出主意。

有的說，隋煬帝當年弒父自立的慘劇，殷鑑不遠，如今秦王正值黃金年華，才二十七歲，會不會不耐等候而像隋煬帝那樣也動起了除掉父親的腦筋？畢竟，秦王能夠對親兄弟狠得下心，難保未來有一天不會也對自己的父親下毒手？

有的說，秦王本來就威震八方，身邊又有那麼多傑出的文臣武將，何不乾脆現在就把天下讓給他，讓他來做天子，讓他來管理朝政，李淵自己則升格為太上皇，這樣不是反而樂得輕鬆，可以舒舒服服的安享晚年。

（這一年，李淵六十歲。）

總之，大家的意見似乎都傾向於，既然已經讓李世民做了東宮太子，乾脆就順水推舟讓他做皇帝吧！

於是，就在「玄武門之變」發生之後的兩個月，在八月仲夏，李世民就接受了父親李淵的禪位詔書，登基做了皇帝。他就是唐太宗。

從這個時候開始，代表李淵的「武德」時代結束，李世民的「貞觀」時代隨之開始。

唐太宗×魏徵——君臣聯手共創盛世

翌年元旦，唐太宗李世民開了一個盛大的宴會款待群臣。席間不時響起雄壯威武的〈秦王破陣樂〉。

大家對這支來自民間的樂曲都相當熟悉，那是在隋末唐初，百姓感念當時還是秦王的唐太宗南征北討的辛勞和功勛，因而出現了這首樂曲。現在聽著這首樂曲，許多人都不免遙想當年打天下的不容易，就連唐太宗自己，似乎也不免有些感慨。

唐太宗說：「朕以前的任務就是專門負責南征北戰，所以才會有這首樂曲……」他頓了一下，沒人知道此刻他是不是想起了大哥和弟弟。

半晌，唐太宗又說：「這首樂曲雖然表現不出帝王的文德，但是，想想現在的天下，卻是確確實實靠著那個時候的征戰而得來的，所以，這樣的樂曲應該還是有它存在的價值吧，至少可以提醒我們創業維艱，守成不易，一方面不要忘了過去創業的艱辛，一方面要好好珍惜現在的太平。」

唐太宗話音剛落，馬上就有一個名叫封德彝（ㄧˊ）的臣子站起來，滿臉堆滿笑容，一心巴結道：「陛下實在是太謙虛了！自古以來，每一個偉大的君主都是功蓋天下，所謂『文德』是沒有什麼力量的。陛下平定四海的神威，哪裡是那些輕飄飄的『文德』能夠比得上的呢！」

這個封德彝，早在隋文帝時代就已經開始做官，靠著一張嘴以及逢迎拍馬的本事，歷經隋朝兩任皇帝以及唐朝開國皇帝李淵的時代，存活了下來，而且日子過得還不差。然而，年輕的唐太宗卻很不喜歡封德彝，現在聽到封德彝如此肉麻的一番吹捧，一點也不買帳，瞪了他一眼，就冷冰冰的說：「卿的意思是『文德』不如『武力』？這恐怕有失常理吧！就算是『馬上得天下』，也不能保證『馬下治天下』啊！」意思

就是，就算天下是靠戰爭打下來的（「馬上」代表著當時戰場上常見的騎射），但是現在既然天下已經安定了，就不能再靠打天下時同樣的思維，否則怎麼治理天下呢？

封德彝被唐太宗這麼一駁，知道自己的馬屁拍到了馬腿上，無話可說，也不敢多說，只有面紅耳赤，一鼻子灰的坐下來。

不久，唐太宗又召集群臣，想要認認真真的討論治國之道。這天，封德彝可是有備而來，想要挽回一點上次所丟失的面子。

討論一開始，封德彝就搶先發言道：「自夏商周以來，人心一天比一天壞，面對這些狡詐的賤民，微臣認為一定要用嚴刑峻罰，否則不足以教化。」

他特別推崇當年秦國就是因為商鞅變法，採取嚴刑峻罰，國力才會愈來愈強，到了秦王嬴政的時候才得以完成殲滅六國、統一天下的霸業。

（秦王嬴政也成為中國歷史上第一個皇帝，是為「始皇帝」，所以後來又被稱為「秦始皇」。）

不過，魏徵對於這番言論很不以為然，遂接著發言道：「距離我們現在最近的周朝都已經是一千多年以前的事，夏朝和商朝就更久了，如果說人心是愈來愈壞，那現在豈不是每一個人都壞透了，而且早就已經壞得無藥可救了？這樣的推斷恐怕是太過偏激了吧！」

也難怪魏徵會這麼說，因為自從漢武帝在西元前一四〇年接受董仲舒「罷黜百家，獨尊儒術」的建議以後，儒家學說就逐漸成為統治階層的主流思想，到此時也已經有七百多年的歷史了，而儒家就是講求仁愛精神的。崇尚嚴刑峻法是法家的思想。

魏徵緊接著又說：「治國必須安民，民不安，則國不治。」

於是，魏徵提出「偃武修文」的主張，認為在天下底定之後，唯有如此，才能讓百姓安心，四夷自服。因為百姓一心只想安分勞作，平靜度日，而官府若是徭役不斷，那麼百姓在生活困苦難以承受的時候，自然就會騷動不安，國家走向敗亡也就自然而然不可避免的了，想想秦朝和隋朝的滅亡，不都是因為徭役太過繁重的緣故嗎？

（在中國歷史上，秦朝和隋朝還真的都是有名的短命王朝，秦朝一共只有十五年，隋朝則是三十八年。）

對於唐朝初年的人來說，秦朝畢竟已經是八百多年以前的事，感覺上比較久遠，但是對於隋朝的感覺就很鮮明了，甚至很多人都是飽受過隋朝徭役之苦的，譬如魏徵自己，在隋朝末年為了躲避戰亂，不是都還出家當過道士嗎？所以，魏徵的意見很快就得到了共鳴，並且受到唐太宗的賞識，唐太宗也認為此時全國老百姓實在很需要休養生息。

因為在這個時候，全國性大規模的戰爭剛剛結束，政府對於各地的統治還不穩固，再加上連年災荒，全國人口戶數從隋煬帝執政時期的九百多萬銳減到僅僅兩百多萬，如果再不讓老百姓休養生息，老百姓就很難從隋末唐初這段動盪的歲月中恢復過來。

於是，唐太宗在登基的第二年便改元「貞觀」，採取了一連串「偃武修文」的政策。後來事實證明這是非常英明的決策，不僅社會趨於安定，農業生產迅速恢復，後來又整頓吏治，改善府兵制，並解決突厥等外患，建立了一個強大的帝國。唐代的版圖大過秦朝和漢朝，非常不容易。唐代的首都長安是今日陝西西安的七倍大，在當時更是一個了不起的國際性大都市。

唐太宗在位二十三年，獲得非常輝煌的政績。歷史上把唐太宗執政的這段期間譽為「貞觀之治」。

19 君臣情誼千古美談

在中國歷史上，唐太宗是一位不可多得的君主，他文武全才，不但精於武藝，還擅長詩書，甚至還因為他對東晉王羲之（西元303-361年）書法的極力推崇，貞觀時期出現了一場書法革新運動，統一了南北朝以來南北各立門戶的局面，王書從此成為全國書法的正宗。

以今日的眼光來看，唐太宗的領導風格相當民主。他積極提倡君主之間的平等對話，還要諫官、史官參加政事堂會議。這麼做有很多層意義，首先，他想讓史官盡可能的了解朝政，這樣史官就能像現在新聞記者採訪一樣，獲得很多重要的「第一手資料」，對於史官的工作有極大的幫助。唐太宗也不干涉史官的工作，甚至讓史官如實記載「玄武門事變」，沒有要史官加以美化。而諫官參加政事堂會議，則必須秉公觀察，如果看到皇帝或是大臣的發言有什麼不恰當，諫官就可以當場提出批評和指正。這一點實在是很難得。畢竟，一般人如果被當眾批評，心裡總會不太舒服，何況還是一個皇帝！

魏徵正是在這種環境之下擔任了諫官。從前他的父親因為直言勸諫遭到貶官，相比之下，魏徵的運氣實在是好太多了，同樣是直言勸諫，魏徵後來還做到了宰相。而且，比唐太宗年長將近二十歲的魏徵，後來不只是在政事方面對唐太宗提出規勸，對於這個年輕君主的起居生活，他也有很多諫言，總之就是一心一意希望能夠輔佐唐太宗成為一個了不起的皇帝。

關於魏徵如何勸諫唐太宗，在歷史上留下了很多有意思的小故事。

有一次，唐太宗出巡洛陽，對於行宮的照顧不滿意，因而大加責罰。魏徵知道這件事以後，馬上提醒他：「當年隋煬帝就是因為奢侈無度，才會那麼不得人心，難道陛下也想做那樣的君主？要知道，物質的欲望是永無止盡的啊，更何況，陛下如果喜歡過著驕奢虛浮的生活，過不了多久，一定會帶動這種不良的風氣，形成『上梁不正下梁歪』的局面，陛下不可不慎啊！」

唐太宗一聽，馬上表示虛心接受。

有時候，唐太宗還像一個小孩子一樣，為了避免被魏徵「訓話」而主動約束自己。

譬如有一次，魏徵請假回鄉掃墓，唐太宗本想趁魏徵不在身邊時，好好出去旅遊一番。可是等到一切都準備妥當了，唐太宗左想右想，還是擔心魏徵回來知道以後會責怪自己貪玩，批評自己對於朝政不夠盡心（古代沒有休假的概念啊），所以最終還是主動放棄了這次的旅遊。

最有名的一個例子是，有一次，唐太宗正在園子裡一邊賞花一邊逗弄著一隻鷂（一ㄠˋ），這是一種凶猛的鳥禽，模樣和老鷹相像，但是個頭比老鷹要小，也有人稱之為「鷂鷹」。唐太宗對這隻鷂非常喜歡。忽然，遠遠就看見魏徵過來了，如果被魏徵看到自己在玩這隻鷂，一定會被提醒不要玩物喪志，然後又是囉哩囉唆一大堆。於是，唐太宗在第一時間只想到不要被魏徵嘮叨，就趕快把這隻鷂塞進衣袖裡（古代衣服的袖子就像口袋，可以放東西），打算等魏徵走了以後再把鷂拿出來。沒想到這天魏徵似乎特別喋喋不休，後來等魏徵終於走了，唐太宗趕緊從衣袖裡把鷂拿出來，可是這隻倒楣的鷂已經悶死了。

在這個故事裡，唐太宗對魏徵的又敬又懼，真是表露無遺。也有人說，其實魏徵早就遠遠看到唐太宗在玩那隻鷂，玩得很開心，也看到唐太宗把鷂藏起來，所以才會故意拖延時間，想給唐太宗一個教訓。

據說有時候魏徵實在是管得太多，唐太宗也會有點受不了（想想這也是人之常情啊）。有一次，唐太宗就跟長孫皇后抱怨魏徵太過嘮叨，還賭氣說

一定要找個機會把魏徵給殺了。長孫皇后也真賢慧，馬上很有智慧的提醒唐太宗：「忠言逆耳，自古以來只有在聖明的君主之下，才可能會有正直的臣子，現在魏徵能夠經常犯顏直諫，這不正可以在天下人面前盡顯陛下的英明嗎？」

唐太宗聽了長孫皇后這番話以後，這才消氣。

有一回，唐太宗誤聽了一些謠言，以為魏徵在某件事情上包庇圖利自己的親戚，非常生氣，把魏徵叫過來質問。幸好，經過魏徵一番解釋，唐太宗才相信了魏徵的清白。魏徵也乘勢給唐太宗上了一課，提醒他要留心讒言，並且說：「我希望能夠做一個『良臣』，而不是『忠臣』。」

唐太宗不解，「『良臣』和『忠臣』不都是差不多的意思嗎？兩者會有多大的區別？」

「不，不一樣，」魏徵說：「『忠臣』往往只是一個空名，往往都是之前因為得罪了君主而被殺，死後才獲得這麼一個名聲。但是在臣子得到這個名聲的同時，君主也一定會留下『昏庸』的罵名，因為只有昏庸的君主才會誤殺忠臣；而『良臣』呢，不但臣子本身得到了美名，君主也會同時獲得很好的名聲。」

這番關於「良臣」、「忠臣」，看似咬文嚼字的一番分析，其實也可以看出魏徵內心的追求，以及他行事嚴謹的一貫作風。

魏徵對唐太宗無疑有很多良好的影響。比方說，他引用荀子的話，告訴唐太宗，君主好像舟，人民好像水，水能托舟，亦能覆舟，意思是說水能夠托住船，但是也能夠讓船翻覆。這番理念對於唐太宗有很深的啟發。

魏徵一生勤勤懇懇，生活儉樸。享年六十三歲。

貞觀十七年（西元643年）正月，魏徵病危的時候，唐太宗帶著太子親自前往探望。這年唐太宗四十四歲，已經做了十七年的皇帝，在這十七年的歲月中，受過魏徵多少的啟迪，現在看到魏徵即將走到人生的盡頭，唐太宗相當感傷。魏徵去世以後，唐太宗也親臨魏家表示哀悼，非常悲痛，還停朝五天，令百官參加葬禮。送葬時，唐太宗還登上苑西樓，遙望魏徵靈柩，並親自為魏徵寫了碑文。

唐太宗說：「人以銅為鏡，可以正衣冠；以古為鏡，可以知興替；以人為鏡，可以明得失。魏徵歿，朕亡一鏡矣！」

這段話成了唐太宗的名言。唐太宗與魏徵之間的這段君臣情誼，也在歷史上留下了一段難得的佳話。

20 唐太宗軼事二三

可惜像唐太宗這樣一個明君，到了貞觀中後期，還是不免出現驕傲和自滿的情緒。或許這也是君主專制體制之下很難避免的吧。他不僅大興土木，寵信奸佞，還連續發動兩次討伐高麗的戰爭，引起不少民怨。

到了後來，唐太宗甚至還產生希冀長生不老的荒誕思想，非常迷戀方士煉製的金石丹藥，結果竟因服食過多金石丹藥而中毒暴亡，享年五十二歲。

不過，非常難能可貴的是，唐太宗臨終之際，還是對自己一生的功過做了一些總結，他到底不是一個昏庸的君主。

據說李世民四歲的時候，有一次隨父親外出，在岐州（今陝西鳳翔）遇到一個書生，這個書生說自己擅長面相，看著李世民，直說這個孩子相貌不凡，到了二十歲的時候一定可以濟世安民。還有一種說法是，李淵就是因此才為這個次子取名為「世民」，就是說他原本並不叫這個名字的。綜觀唐太宗的一生，文治武功都很可觀，確實夠得上「濟世安民」這樣的讚美。尤其是他經過七年的努力，統一了全中國，是大唐王朝實際的創業者，這一點貢獻最大。不過，在他二十七歲那年發動「玄武門事變」，殺了親兄弟，這件事不知道在他心裡究竟會不會留下陰影，可能或多或少總會有一些吧。有人說，在民間傳說中關於門神的由來，其實就是跟這個陰影有關。

傳說唐太宗曾經有失眠的問題，晚上睡覺的時候經常會聽到鬼哭神號。有一天，唐太宗跟文武百官說起這件事，大家都很關心，武將們更是一個個都自告奮勇表示，願意晚上在唐太宗的寢宮外面護衛，如果有任何妖魔鬼怪想要對君王不利，他們一定立刻將之滅掉。於是，大家就兩兩一組，到了晚上就開始輪流為唐太宗守衛。

一輪值勤下來，唐太宗發現當秦

叔寶和尉遲敬德（其實就是尉遲恭，「敬德」是他的「字」）這一組輪值的時候，似乎效果最好，不僅什麼怪聲都沒有，自己也睡得特別香。

既然如此，秦叔寶和尉遲敬德自然就經常在夜晚為唐太宗守衛，可是後來唐太宗體恤兩位將軍這樣太過辛苦，就命畫師把兩人身穿鎧甲、威風凜凜的樣子畫下來，貼在大門口，結果發現居然也管用。漸漸的，民間也就仿效這樣的做法，也把兩位將軍的畫像貼在門口，認為這麼一來可以產生避邪的神效，任何妖魔鬼怪都不敢靠近。

一直到現在，「門神」雖然不只一組，但秦叔寶和尉遲敬德一直都是最為普遍的一組。

國家圖書館出版品預行編目資料

玄武門之變 / 管家琪作；蔡嘉驊繪圖.
-- 初版. -- 台北市：幼獅, 2014.03
面； 公分. --（故事館；21）

ISBN 978-957-574-949-1（平裝）
1.唐史 2.通俗史話

624.11 103001032

・故事館021・

玄武門之變

作　　者＝管家琪
繪　　圖＝蔡嘉驊
出 版 者＝幼獅文化事業股份有限公司
發 行 人＝李鍾桂
總 經 理＝王華金
總 編 輯＝劉淑華
主　　編＝林泊瑜
編　　輯＝黃淨閔
美術編輯＝李祥銘
總 公 司＝(10045)台北市重慶南路1段66-1號3樓
電　　話＝(02)2311-2832
傳　　真＝(02)2311-5368
郵政劃撥＝00033368

門市
・松江展示中心：(10422)台北市松江路219號
　電話：(02)2502-5858轉734　傳真：(02)2503-6601
・苗栗育達店：36143苗栗縣造橋鄉談文村學府路168號（育達科技大學內）
　電話：(037)652-191　傳真：(037)652-251

印　　刷＝崇寶彩藝印刷股份有限公司
定　　價＝220元
港　　幣＝73元
初　　版＝2014.03
書　　號＝984184

幼獅樂讀網
http://www.youth.com.tw
e-mail:customer@youth.com.tw

行政院新聞局核准登記證局版台業字第0143號

幼獅文化公司／讀者服務卡／

感謝您購買幼獅公司出版的好書！

為提升服務品質與出版更優質的圖書，敬請撥冗填寫後（免貼郵票）擲寄本公司，或傳真（傳真電話02-23115368），我們將參考您的意見、分享您的觀點，出版更多的好書。並不定期提供您相關書訊、活動、特惠專案等。謝謝！

基本資料

姓名：……………………先生／小姐

婚姻狀況：□已婚 □未婚　職業：□學生 □公教 □上班族 □家管 □其他

出生：民國…………年…………月…………日

電話：（公）…………（宅）…………（手機）…………

e-mail：……………………

聯絡地址：……………………

1.您所購買的書名：**玄武門之變**

2.您通常以何種方式購書?：□1.書店買書 □2.網路購書 □3.傳真訂購 □4.郵局劃撥
（可複選）□5.幼獅門市 □6.團體訂購 □7.其他

3.您是否曾買過幼獅其他出版品：□是，□1.圖書 □2.幼獅文藝 □3.幼獅少年
□否

4.您從何處得知本書訊息：□1.師長介紹 □2.朋友介紹 □3.幼獅少年雜誌
（可複選）□4.幼獅文藝雜誌 □5.報章雜誌書評介紹…………報
□6.DM傳單、海報 □7.書店 □8.廣播(　　　　)
□9.電子報、edm □10.其他…………

5.您喜歡本書的原因：□1.作者 □2.書名 □3.內容 □4.封面設計 □5.其他

6.您不喜歡本書的原因：□1.作者 □2.書名 □3.內容 □4.封面設計 □5.其他

7.您希望得知的出版訊息：□1.青少年讀物 □2.兒童讀物 □3.親子叢書
□4.教師充電系列 □5.其他

8.您覺得本書的價格：□1.偏高 □2.合理 □3.偏低

9.讀完本書後您覺得：□1.很有收穫 □2.有收穫 □3.收穫不多 □4.沒收穫

10.敬請推薦親友，共同加入我們的閱讀計畫，我們將適時寄送相關書訊，以豐富書香與心靈的空間：

(1)姓名…………e-mail…………電話…………

(2)姓名…………e-mail…………電話…………

(3)姓名…………e-mail…………電話…………

11.您對本書或本公司的建議：

廣　告　回　信
台北郵局登記證
台北廣字第942號

請直接投郵　免貼郵票

10045　台北市重慶南路一段66-1號3樓

幼獅文化事業股份有限公司

請沿虛線對折寄回

客服專線：02-23112832分機208　傳真：02-23115368

e-mail：customer@youth.com.tw

幼獅樂讀網http：//www.youth.com.tw